Mit Anne und Philipp bei den Römern

Mary Pope Osborne · Natalie Pope Boyce

Mit Anne und Philipp bei den Römern

Der Umwelt zuliebe ist dieses Buch
auf chlorfrei gebleichtem Papier gedruckt.

ISBN 978-3-7855-5892-8

2. Auflage 2007

Sonderausgabe. Bereits als Einzelbände unter den Originaltiteln
Vacation under the Volcano (Copyright Text © 1998 Mary Pope Osborne)
und *Magic Tree House Research Guide – Ancient Rome and Pompeii*
(Copyright Text © 2006 Mary Pope Osborne und Natalie Pope Boyce,
Copyright Illustrationen © 2006 Sal Murdocca) erschienen.
Alle Rechte vorbehalten.
Erschienen in der Original-Serie *Magic Tree House*™.
Magic Tree House™ ist ein Trademark von Mary Pope Osborne,
das der Originalverlag in Lizenz verwendet.
Veröffentlicht mit Genehmigung des Originalverlags,
Random House Children's Books, a division of Random House, Inc.
© für die deutsche Ausgabe 2007 Loewe Verlag GmbH, Bindlach
Als Einzeltitel in der Reihe *Das magische Baumhaus*
sind bereits erschienen: *Im Schatten des Vulkans* (1)
und *Forscherhandbuch Altes Rom* (2).
Aus dem Amerikanischen übersetzt von Sabine Rahn (1),
Sonja Fiedler-Tresp (2)
Innenillustrationen: Jutta Knipping (1),
Sal Murdocca und Petra Theissen (2)
Umschlagillustration: Jutta Knipping
Reihenlogo und Vorsatzillustration: Jutta Knipping
Umschlaggestaltung: Nicole Burghardt
Printed in Germany (025)

www.loewe-verlag.de

Inhalt

Im Schatten des Vulkans

Eine Geheimsprache 13

Das Ende ist nahe 26

Gladiatoren 45

Seltsame Zeichen und Dinge 52

Wo sind die Bücher? 61

Das Ende ist da 67

Der Himmel stürzt ein 74

Ein Albtraum wird wahr 81

Rette uns! 86

Eine einfache Erklärung 92

Forscherhandbuch Altes Rom

Das alte Rom 105

Die Ewige Stadt 117

Die römische Armee 133

Recht und Ordnung 147

Tod in Pompeji 169

Römischer Alltag 175
Niedergang des Reichs 195
Register 198

Im Schatten des Vulkans

*Für Louis de Wolf-Stein,
der mich bat,
über Pompeji zu schreiben*

Eine Geheimsprache

Philipp zog die Schublade auf und holte seine geheime Bibliothekskarte hervor. Er strich mit den Fingern über das dünne Holzplättchen, auf dem die Buchstaben MB schimmerten. „Meister-Bibliothekar!", flüsterte er vor sich hin.

Philipp konnte es immer noch nicht fassen, dass er und seine Schwester Anne jetzt wirklich Meister-Bibliothekare waren. Endlich!

Ob er die Karte mit in die Ferien nehmen sollte? Die Eltern wollten nämlich mit Philipp und Anne eine Woche in die Berge fahren.

Anne steckte den Kopf in sein Zimmer.

„Wollen wir nochmal kurz in den Wald?", fragte sie.

Philipp und Anne gingen jeden Morgen in den Wald von Pepper Hill, um nachzusehen, ob Morgan, die Zauberin, mit ihrem magischen Baumhaus zurückgekehrt war.

„Geht aber nicht!", antwortete Philipp. „Wir wollen doch gleich losfahren."

„Und wenn Morgan da ist?", fragte Anne. „Wenn sie auf uns wartet?"

„Also, gut!", gab Philipp nach. „Lass uns nachschauen. Aber wir müssen schnell machen!"

Er schnappte seinen Rucksack, stopfte sein Notizbuch, einen Stift und seine geheime Bibliothekskarte hinein und lief nach unten.

„Wir sind gleich wieder zurück!", rief Anne.

„Geht aber nicht so weit", mahnte ihr Vater. „Wir wollen in zwanzig Minuten fahren!"

„Keine Bange", sagte Anne. „Wir sind in zehn Minuten wieder da!"

„Stimmt!", dachte Philipp. „Fünf Minuten brauchen wir, bis wir im Wald sind, und wieder fünf Minuten für den Weg nach Hause zurück." Und selbst wenn Morgan sie auf eine Zeitreise schickte, würden sie genau zum gleichen Zeitpunkt wiederkehren, zu dem sie aufgebrochen waren.

Philipp und Anne liefen zur Haustür hinaus. In der hellen Morgensonne rannten sie erst über den Rasen und dann die Straße entlang.

„Ich hatte letzte Nacht einen Albtraum", erzählte Anne.

„Was hast du denn geträumt?", fragte Philipp.

„Ich habe von Feuer geträumt", berichtete Anne. „Alles war dunkel und

16

verraucht, und die Erde hat gebebt. Glaubst du, das war eine Vorwarnung?"

„Nein!" Philipp schüttelte den Kopf. „Albträume sind auch nur Träume. Die werden nicht wahr."

Sie verließen die Straße und bogen in den Wald von Pepper Hill. Dort war es ruhig und friedlich. Sie gingen durch den sonnigen Wald, bis sie zur höchsten Eiche kamen.

„Juchhu!", rief Anne.

Und tatsächlich, da war es, das Baumhaus. Morgan winkte ihnen aus einem Fenster zu.

„Seid gegrüßt, Meister-Bibliothekare!", rief sie den Geschwistern zu.

Philipp und Anne machten den Spaß mit und verbeugten sich anmutig.

„Stets zu Ihren Diensten!",
entgegnete Anne.
„Dann kommt doch hoch!", sagte
Morgan.
Sie packten die Strickleiter und
kletterten nach oben. Als sie ins Baumhaus krabbelten, sahen sie, dass
Morgan ein Buch und ein Blatt Papier
in der Hand hielt.

„Ich habe eine wichtige Aufgabe für euch", sagte sie. „Seid ihr bereit?"

„Klar!", antworteten alle beide.

Philipps Herz schlug schneller. Schon seitdem sie von Morgan zu Meister-Bibliothekaren ernannt worden waren, hatte er dieser ersten Aufgabe entgegengefiebert.

„Ihr wisst ja, dass ich Bücher für die Bibliothek in Camelot sammle", begann sie.

Philipp und Anne nickten.

„Nun, im Laufe der Jahrhunderte sind viele große Bibliotheken zerstört worden", berichtete die Zauberin. „Und mit ihnen gingen viele wunderbare Geschichten für immer verloren."

„Wie traurig!", sagte Anne.

„Das ist es", stimmte Morgan ihr zu. „Aber ihr zwei Meister-Bibliothekare könnt mithilfe des magischen Baumhauses einige dieser Geschichten retten. Zum Beispiel diese hier."

Sie hielt das Blatt Papier hoch. Seltsame Worte standen darauf.

„Ist das eine Geheimsprache?", fragte Philipp.

Morgan lächelte. „Irgendwie schon", antwortete sie. „Aber eigentlich ist es der Titel einer verloren gegangenen Geschichte. Der Titel ist in Latein, das ist die Sprache der alten Römer in Italien."

„Alte Römer?", wiederholte Philipp völlig begeistert. Ihn faszinierte alles, was mit Römern zu tun hatte.

„Ja", bestätigte Morgan. „Diese Geschichte war in einer Bibliothek in einer römischen Stadt. Ihr sollt sie für mich holen, ehe diese Bibliothek zerstört wird."

„Machen wir", sagte Anne.

„Habt ihr eure geheimen Bibliotheks-karten dabei?", fragte Morgan.

„Ja", antwortete Philipp.

„Gut. Verliert sie nicht. Die richtigen Leute werden wissen, was sie bedeuten", sagte die Zauberin. „Und wie immer habe ich hier auch ein Buch, das euch helfen wird."

Morgan reichte Philipp ein Buch mit dem Titel: „Zu Zeiten der alten Römer." Auf dem Umschlag war das Bild einer

22

römischen Stadt. Die Leute trugen Tuniken und geschnürte Sandalen.

„Das sieht super aus!", fand Philipp.

„Nehmt das hier auch mit. Das ist der Titel der Geschichte, die ich brauche." Sie reichte Philipp das Blatt. Er steckte es in seinen Rucksack.

„Und denkt daran: Dieses Buch wird euch leiten. Aber in eurer dunkelsten Stunde kann nur die alte Geschichte euch retten", sagte Morgan eindringlich. „Doch zuerst müsst ihr sie natürlich finden."

Philipp und Anne nickten.

„Geht jetzt!", sagte Morgan leise. „Und vergesst nicht, was ich euch eben gesagt habe!"

„Danke", sagte Philipp. Er deutete auf das Bild auf dem Buch und sagte: „Ich wünschte, wir wären dort!"

Wind kam auf.

„Das habe ich fast vergessen!", rief Morgan durch den stärker werdenden Wind. „Ich sorge dafür, dass ihr dort nicht auffallen werdet!"

„Wie meinen Sie das?", schrie Philipp zurück.

Doch ehe Morgan antworten konnte, drehte sich das Baumhaus.

Es drehte sich schneller und immer schneller.

24

Dann war plötzlich alles wieder still.
Totenstill.

„Hey, cool!", sagte Anne. „Schau nur, wie wir aussehen!"

Das Ende ist nahe

Philipp öffnete die Augen und rückte seine Brille zurecht.

Morgan war verschwunden – ebenso wie Philipps Jeans, sein T-Shirt, seine Turnschuhe und sein Rucksack.

Stattdessen trug er eine weiße Tunika mit einem Gürtel, geschnürte Sandalen und eine Ledertasche.

Er sah zu Anne hinüber. Sie war genauso gekleidet. Morgan hatte dafür gesorgt, dass sie aussahen wie die anderen Kinder in dieser alten, römischen Stadt.

„Das muss Morgan gemeint haben, als sie sagte, sie will dafür sorgen, dass wir hier nicht auffallen", sagte Philipp.

„Ich fühle mich wie eine Prinzessin", erwiderte Anne. „Mir gefallen diese Kleider."

„Hmm." Phillip sah an sich hinab. Er kam sich ein wenig seltsam vor, als ob er plötzlich ein Kleid anhätte.

Anne sah aus dem Fenster.

„Es ist schön hier", fand sie.

Philipp sah auch hinaus. Sie waren in einem kleinen Wäldchen gelandet. Auf der einen Seite des Wäldchens erhob sich ein sanfter Hügel. Auf der anderen Seite glitzerten die Dächer einer Stadt im Sonnenlicht.

„Wo wir hier wohl sind?", fragte Philipp. Er schlug das Buch über die Römer auf und las laut vor:

Vor fast 2000 Jahren, am 24. August im Jahr 79 nach Christi Geburt, war die Hafenstadt Pompeji eine typisch römische Stadt. Viele Römer verbrachten hier ihre Ferien. Sie bauten große Häuser, die sie Villen nannten, und pflanzten kleine Olivenhaine an den Hängen eines Berges, der Vesuv hieß.

Anne sah unverwandt aus dem
Fenster, während Philipp sein Notizbuch und einen Stift herauskramte und
schrieb:

Ferien in Pompeji
24. August 79
nach Christi Geburt
Häuser heißen hier Villen

Philipp sah erneut aus dem Fenster.
„Wirklich ein hübscher Ort zum
Urlaubmachen", fand er.
„Sieht aus, als wären wir in einem der
Olivenhaine gelandet", meinte Anne.
„Ja. Und die Stadt dort muss dann
wohl Pompeji sein", folgerte Philipp.
Er drehte sich wieder um. „Dieser
Berg hier ist bestimmt der Vesuv."

Anne schauderte. „Der Name klingt unheimlich, finde ich."

„Echt?", fragte Philipp. „Finde ich gar nicht!" Er sah wieder hinunter auf seine Notizen.

„Hey!", rief Anne auf einmal. „Spürst du das auch?"

„Was?", fragte Philipp und sah auf.

„Die Erde hat gezittert. Und ein Grollen habe ich auch gehört!", sagte Anne.

Philipp runzelte die Stirn. „Das hast du dir bestimmt nur eingebildet!", beruhigte er sie.

„Habe ich nicht!", beharrte Anne. „Irgendetwas stimmt hier nicht. Ich finde, wir sollten wieder nach Hause gehen!"

„Spinnst du?", entfuhr es Philipp. „Zuerst müssen wir die verlorene

Geschichte für Morgan finden. Und außerdem wollte ich schon immer mal eine echte römische Stadt sehen!"

Er steckte sein Notizbuch und das Buch über die alten Römer zurück in die Ledertasche und kletterte die Strickleiter hinunter.

„Komm schon!", rief er, als er unten war.

Aber Anne starrte nur zu ihm hinunter.

„Sei kein Angsthase!", rief er und rückte seine Brille zurecht. „Komm schon! Es wird bestimmt spannend!"

Anne bewegte sich keinen Schritt.

„Was ist nur los mit ihr?", dachte Philipp. „Normalerweise bin *ich* doch derjenige, der zögert und der sich dauernd Sorgen macht!"

„Komm schon, Anne. Wir können

Morgan doch nicht hängen lassen!",
bat er.

Anne seufzte tief. „Na gut. Aber ich hoffe, dass wir diese Geschichte schnell finden!", sagte sie. Dann kletterte sie langsam die Strickleiter hinab.

Die Sonne schien hell und warm durch die Olivenbäume, als die beiden Geschwister sich langsam auf den Weg machten.

Mit dem Vesuv im Rücken gingen sie in Richtung Pompeji.

„Komisch", sagte Anne, „ich höre gar keine Vögel hier."

Sie hatte Recht, im Olivenhain war es auf eine seltsame Weise still.

„Ach, jetzt mach dir darüber mal keine Sorgen!", sagte Philipp. „Komm, lass uns hier über diese Brücke gehen."

Er lief auf eine schmale, hölzerne Brücke zu. Doch als sie am Fluss waren, sahen sie, dass er ausgetrocknet war.

„Das ist ja merkwürdig!", fand Anne.

„Dabei musst du dir nichts denken!", sagte Philipp. „Das heißt einfach nur, dass es nicht viel geregnet hat in letzter Zeit."

Sie überquerten die Brücke und kamen auf eine belebte Straße, die mit Steinen gepflastert war.

Viele Leute kauften in den offenen Läden ein, die hier die Straße säumten. Manche Menschen wirkten eilig und geschäftig, andere schlenderten ohne Hast. Kinder waren mit ihren Eltern unterwegs, und Gruppen von Jugendlichen schwatzten und lachten.

„Die Leute hier unterscheiden sich eigentlich gar nicht so sehr von den Menschen, die in Pepper Hill einkaufen gehen", dachte Philipp. „Nur die Kleider sind natürlich anders!"

„Und wie sollen wir hier die alte Bücherei finden?", fragte Anne und schaute sich um.

„Keine Ahnung", erwiderte Philipp. „Wir müssen eben die Augen aufhalten!"

Sie gingen an Läden vorüber, in denen riesige Krüge standen. Als Philipp sie genauer betrachtete, sah er, dass sie voller Korn, getrockneter Früchte und Oliven waren. In einigen Läden hing getrocknetes Fleisch von der Decke.

Sie gingen an lauten Tavernen vorüber, in denen die Leute aßen und tranken. Ein junger Mann spielte auf einem Saiteninstrument.

„Siehst du", sagte Philipp, „wir müssen wirklich keine Angst haben. Hier ist es gar nicht so anders als bei uns."

„Das meine ich ja auch gar nicht",
sagte Anne mit einem sorgenvollen
Blick.

„Schau mal, da ist ein Frisör und da
ein Schuhgeschäft." Philipp zeigte mit
dem Finger nach rechts.

Der Frisör schnitt einem Jungen
die Haare, und ein Mädchen, das mit
seiner Mutter unterwegs war, probierte
ein paar neue Sandalen an.

„Wirklich fast wie zu Hause", musste
Anne zugeben.

Sie gingen weiter und kamen zu
einer Bäckerei, in der sich frisch
gebackene, flache Brote stapelten.

„Dieses Brot sieht ein bisschen aus wie Pizza", meinte Anne lächelnd.

„Stimmt", erwiderte Philipp.

Mit dem guten Brotgeruch in der Nase fühlten sie sich gleich noch heimischer hier. Philipp sah zu Anne, die immer noch lächelte, als sie weitergingen.

Jetzt kamen sie auf einen großen, quadratischen Platz. Dort wimmelte es von Menschen, Karren, Pferden und Verkaufsständen.

„Honigkuchen! Gefüllte Datteln!
Pfaueneier!", schrien die Verkäufer
durcheinander.

Bauern verkauften Weintrauben,
Knoblauch und Zwiebeln. Fischer
boten alle möglichen verschiedenen
Fische an, und einige Leute standen
auf Kisten und hielten Reden vor
kleineren Menschengruppen.

„Hey, das ist bestimmt das Forum!",
vermutete Philipp.

Er holte das Buch aus seiner Tasche
und blätterte darin, bis er ein Bild von
dem Platz fand. Dann las er:

Das Zentrum einer römischen Stadt hieß
Forum. Das Forum war der Hauptplatz, auf
dem sich die Bürger trafen, um ihre Waren zu
verkaufen und über Politik zu reden.

„Siehst du, ich hatte Recht!", sagte
Philipp. Dann zog er sein Notizbuch
hervor und schrieb:

Forum = Stadtzentrum

„Philipp!", flüsterte Anne und zog ihn
an seiner Tunika. „Philipp! Sieh doch!"

Philipp blickte auf, und Anne nickte
zu einer alten Frau, die zu ihnen
herüberstarrte.

Sie trug einen schwarzen Umhang,
und ihr graues Haar war zerzaust.
Außerdem schien sie keine Zähne
mehr zu haben.

Die Frau deutete mit ihrem knochigen
Finger auf Anne und Philipp.

„Das Ende ist nahe!", sagte sie
heiser. „Geht nach Hause, Fremdlinge!"

„Oh!" Anne wurde blass. „Lass uns

gehen, ehe die Leute sich fragen, wer wir sind!", sagte Philipp und steckte sein Buch wieder ein.

Sie gingen eilig weiter, und die alte Frau brummelte hinter ihnen her.

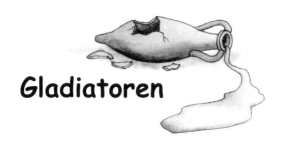

Gladiatoren

Philipp und Anne versteckten sich hinter einem Früchtestand. Sie warteten einen Augenblick und spähten dann vorsichtig um die Ecke.

„Ich sehe sie nicht mehr", sagte Philipp.

„Was wollte die denn?", fragte Anne.

„Keine Ahnung", antwortete Philipp. „Sie sah ziemlich verrückt aus."

„Was steht denn in dem Buch über diese Frau?", fragte Anne.

„Da steht sicher nichts über sie drin!", meinte Philipp.

„Sieh trotzdem mal nach", beharrte Anne.

Seufzend holte Philipp das Buch heraus. Zu seiner Überraschung fand er doch ein Bild von der alten Frau. Er las vor:

Bei den Römern gab es Menschen, die in die Zukunft sehen konnten und andere vor dem warnten, was sie sahen. Diese Menschen nannte man Wahrsager.

„Siehst du", sagte Anne, „dann war sie gar nicht verrückt. Sie wollte uns nur warnen. – Genau wie mein Albtraum."

„Glaub doch nicht an so etwas!", sagte Philipp. „Wahrsager gehören in die Vergangenheit. Heutzutage glaubt doch niemand mehr daran!"

„Ich schon!", sagte Anne dickköpfig. „Ich bin sicher, irgendetwas Schreckliches wird hier bald geschehen!"

Philipp seufzte. „Komm weiter. Wir müssen die verloren gegangene Bibliothek finden. Dann hauen wir hier wieder ab."

„Einverstanden!", stimmte Anne ihm zu.

Sie gingen weiter über das Forum.

Schon bald standen sie vor einem großen Gebäude. Eine Menge Menschen gingen hinein oder kamen heraus.

„Ob das die Bibliothek ist?", fragte
Anne.

„Ich lese mal nach", sagte Philipp.
Er blätterte in dem Buch und fand
tatsächlich ein Bild von dem Gebäude.
Er las vor:

Die meisten Leute in Pompeji hatten keine
Badewannen in ihren Häusern. Deshalb
gingen sie täglich in öffentliche Badehäuser.
Dort konnten sich die Leute nicht nur
waschen, sondern auch schwimmen, Sport
treiben und sich mit ihren Freunden treffen.

„Klingt wie das Hallenbad bei uns zu
Hause", fand Anne. „Aber es ist leider
keine Bibliothek. Komm, wir gehen
weiter."
Als sie zu einem auffallenden
Gebäude mit großen Säulen kamen,

fragte Anne: „Ist das vielleicht die Bibliothek?"

Philipp suchte nach einem Bild von diesem Gebäude und las vor:

Die Menschen in Pompeji glaubten, dass viele verschiedene Götter und Göttinnen die Welt regierten. Das ist der Tempel von Jupiter, dem obersten aller Götter. In diesem Tempel beteten die Menschen zu Jupiter und brachten ihm Geschenke dar. Heute bezeichnen wir die Geschichten über Jupiter und die anderen Götter und Göttinnen als Mythen oder Sagen.

„Mein Lehrer hat uns Mythen vorgelesen", erzählte Philipp. „Ich erinnere mich an die Geschichten über Herkules und Apollo."

„Ja, mein Lehrer hat uns auch schon

49

mal welche vorgelesen", sagte Anne. „Mir haben die Geschichten von Venus und Medusa am besten gefallen."

„Hey, vielleicht ist die Geschichte, die wir suchen sollen, ja auch ein Mythos!", rief Philipp.

„Vielleicht", sagte Anne. „Lass uns weitersuchen!"

Sie verließen das Forum und bogen in eine breite Straße. Auf einmal blieb Philipp staunend stehen.

Riesige Krieger mit unglaublichen Muskeln marschierten in einer Reihe die Straße entlang. Sie trugen verzierte Helme und schwere Schilde.

„Soldaten!", dachte Philipp.

Doch dann bemerkte er, dass die Füße der Krieger in Ketten lagen und dass Wachen neben ihnen herliefen.

„Gladiatoren!", flüsterte er.

Seltsame Zeichen und Dinge

Philipp suchte in seinem Buch und fand ein Bild von diesen starken Männern. Er las vor:

Gladiatoren waren Sklaven oder Verbrecher, die im Amphitheater kämpften. Sie wurden gezwungen, gegeneinander oder gegen wilde Tiere zu kämpfen. Die Menschen in Pompeji fanden Gladiatorenkämpfe sehr unterhaltsam.

„So etwas ist doch nicht unterhaltsam", rief Anne empört. „Kein Wunder, dass ich es seltsam finde hier!"

„Aber echt!", sagte Philipp. „Das ist jetzt gar nicht mehr wie in unserer Zeit!"

Philipp und Anne beobachteten, wie die Wachen die Gladiatoren weg-führten. Sie gingen auf ein Gebäude zu, das aussah wie ein großes Sport-stadion.

„Das muss das Amphitheater sein", sagte Philipp. „Komm, das sehen wir uns mal an!"

„Na gut – auch wenn es nicht die Bibliothek ist!", sagte Anne.

Philipp und Anne folgten den Gladiatoren. In der Nähe des Eingangs stand eine große Menschenmenge, die lauthals jubelte, als die Gladiatoren einmarschierten.

Philipp und Anne wollten ihnen folgen, aber eine der Wachen hielt sie mit einer Lanze auf.

53

„Eintritt für Kinder verboten!", sagte der Wachmann. „Verzieht euch!"

„Flieht!", zischte eine heisere Stimme hinter ihnen.

Philipp und Anne drehten sich erschrocken um. Es war die alte Wahrsagerin. Sie fuchtelte mit ihren knochigen Fingern vor ihnen herum.

„Oh, nein! Nicht die schon wieder!",
rief Philipp. „Komm, lass uns gehen!"
 „Warte mal", erwiderte Anne. „Ich will
mit ihr reden!"
 „Bist du verrückt?", fragte Philipp.
 Aber ehe er sie aufhalten konnte,
rannte Anne schon auf die Wahrsagerin zu.

Philipp beobachtete aus der Ferne, wie die beiden miteinander sprachen.

„Philipp", rief Anne, „komm her! Schnell!"

„Oh, Mann!", seufzte er. Er ging zu Anne und der Wahrsagerin hinüber.

„Sagen Sie es ihm!", forderte Anne die Frau auf.

Die Frau musterte Philipp.

„Alle Flüsse in Pompeji sind ausgetrocknet!", sagte sie.

„Wie der Fluss oben bei dem Olivenhain!", erinnerte Anne ihren Bruder.

„Na und? Vielleicht muss es nur mal wieder regnen!", vermutete Philipp.

„Nein, da passieren auch noch andere seltsame Dinge", widersprach Anne. „Erzählen Sie es ihm!"

„Alle Vögel sind weggeflogen!", sagte die Wahrsagerin.

Philipp starrte sie einfach nur an.

„Sie sagt, die Ratten sind auch alle weggezogen", erzählte Anne. „Und die Kühe verhalten sich komisch."

„Aber wieso?", fragte Philipp.

„Das Meer ist kochend heiß, und die Erde bebt", fuhr die alte Frau fort.

„Siehst du, ich habe es dir gleich gesagt!", trumpfte Anne auf.

„Aber wieso geschehen all diese Dinge?", fragte Philipp die Wahrsagerin.

„Weil das Ende nahe ist!", flüsterte sie heiser.

„Wir müssen hier weg", beharrte Anne, „und zwar sofort!"

„Und die Bibliothek?", fragte Philipp.

„Was für eine Bibliothek?", fragte die Wahrsagerin.

„Zeig ihr den Titel der Geschichte, Philipp", bat Anne.

Philipp zog das Blatt Papier aus seiner Tasche und zeigte es der alten Frau. „Ein Buch mit diesem Titel befindet sich in einer Bibliothek in dieser Stadt", erklärte er.

„Und weiter?", fragte die Frau.

„Wir sind hier, um es zu retten", sagte Anne und zog ihre geheime Bibliothekskarte hervor.

Die Wahrsagerin starrte einen Augenblick lang auf die schimmernden Buchstaben darauf. Dann lächelte sie Philipp und Anne an.

„Ja, jetzt verstehe ich", murmelte sie. „Die einzige Bibliothek, von der ich weiß, befindet sich im Haus von Brutus", sagte sie und deutete auf eine große Villa am Ende der Straße. „Sucht dort. Aber macht schnell!"

„Wird Brutus nichts dagegen haben?", fragte Philipp.

„Brutus und sein gesamter Haushalt sind in Rom", erklärte die Wahrsagerin. „Das hier ist nur ein Ferienhaus."

„Aber wir können doch nicht einfach dorthin gehen und etwas wegnehmen!", wandte Philipp ein.

Die alte Frau schüttelte den Kopf und sagte traurig: „Nach dem heutigen Tag wird von Pompeji nichts mehr übrig bleiben. Überhaupt nichts mehr!"

Philipp lief es kalt den Rücken runter.

„Geht und holt das, wegen dem ihr

gekommen seid. Und dann macht euch auf nach Hause. Beeilt euch!", sagte sie.

„Danke!", sagte Philipp. Er griff nach Annes Hand. „Komm!"

„Ja, danke!", rief Anne, und sie fügte hinzu: „Sie sollten aber auch weggehen!"

Dann rannten die beiden Geschwister auf das Ferienhaus zu. Sie rannten, so schnell sie konnten.

Wo sind die Bücher?

Philipp und Anne liefen zum Haupteingang des Hauses. Philipp öffnete die Tür.

„Geh schon rein. Schnell!", flüsterte Anne.

Sie schlüpften hinein.

„Hallo?", rief Anne.

Keine Antwort. Das Haus schien völlig leer zu sein.

Im Eingangsbereich war eine große Öffnung in der Decke, und darunter lag ein kleines Wasserbecken, das Philipp sich genauer ansah.

„Wahrscheinlich regnet es durch diese Öffnung", vermutete er. „Der

Regen sammelt sich in dem Becken, und sie können das Wasser verbrauchen."

Er holte sein Notizbuch hervor.

„Dafür haben wir jetzt keine Zeit, Philipp!", mahnte Anne. „Wir müssen in allen Zimmern nach Büchern suchen."

„Okay, du hast Recht!", sagte Philipp. Er steckte sein Notizbuch wieder ein.

„Bücher? Wo stecken bloß diese Bücher?", murmelte sie und spähte in ein weiteres Zimmer. Dann ging sie zum nächsten Raum. „Bücher? ... Bücher ..." Sie suchte im dritten Zimmer.

Philipp stolperte ihr hinterher. Obwohl sie schon in alle Zimmer reingeschaut hatte, sah er sich trotzdem nochmal jedes Zimmer an. Es interessierte ihn, wie diese römischen Häuser aussahen.

Notizen konnte er sich auch noch später dazu machen.

In den ersten beiden Zimmern standen hölzerne Betten. Auf die Wände waren Bilder gemalt, und der Fußboden war mit winzigen Stückchen bunter Steine ausgelegt.

Im dritten Raum war ein niedriger Tisch, der mit silbernem Geschirr gedeckt war. Drei Sofas standen um den Tisch herum. Auf jedem Sofa lagen Kissen.

„Das muss das Esszimmer sein", folgerte Philipp. „Die Römer haben sich zum Essen an den Tisch gelegt, wusstest du das, Anne?"

Er sah sich um, aber Anne war nicht mehr da.

„Hey, Philipp! Komm mal her!", rief sie.

Philipp folgte dem Klang ihrer Stimme. Sie war draußen, in einem gepflasterten Hof. Hier wuchsen Palmen und Weinreben. In der Mitte stand ein Springbrunnen mit einer steinernen Meerjungfrau. Im Wasser schwammen Goldfische.

„Schau, dort drüben ist noch eine Tür", sagte Anne und ging durch den Innenhof.

Sie öffnete die Tür und spähte hinein. Philipp sah ihr über die Schulter. Entlang der Wände standen lange Regale voll mit Schriftrollen.

„Mist!", sagte Anne. „Wieder keine Bücher!" Sie schloss die Tür hinter sich. „Kein einziges Buch im ganzen Haus! Komm, dann gehen wir!"

„Warte mal", sagte Philipp. „Ich habe eine Idee."

Er zog das Buch über die alten Römer aus seiner Tasche und suchte ein Kapitel mit der Überschrift: „Schreiben." Er las:

Zum Schreiben benutzten die Römer dünne Schilfhalme. Als Tinte verwendeten sie zum Teil die Tinte von Tintenfischen. Ihre Bücher schrieben sie auf Papyrusrollen.

„Aha!", rief Philipp. „Das ist also eine Bibliothek von Schriftrollen. Ich wette, dass wir unsere alte Geschichte dort drin finden werden!"

Das Ende ist da

Philipp machte die Tür zu dem Raum mit den Schriftrollen wieder auf. Sie rannten hinein, direkt auf die Regale zu.

Philipp zog das Blatt Papier hervor, auf dem der lateinische Titel stand: „Vir fortissimus in mundo."

„Okay", sagte er, „wir müssen die Rolle mit diesem Titel finden."

Eilig fingen sie an, die Schriften aufzurollen. Eine nach der anderen. Sie waren alle handgeschrieben und in lateinischer Sprache.

„Ich hab sie!", rief Anne.

Sie hielt die Rolle hoch. Die Worte

am Anfang der Rolle waren dieselben wie die auf Philipps Blatt.

„Super!", sagte Philipp. „Schade, dass ich kein Latein lesen kann. Ich wüsste zu gerne, wovon die Geschichte handelt!"

„Nicht jetzt!", sagte Anne. „Komm, lass uns gehen!"

Anne reichte Philipp die Rolle und lief aus dem Zimmer.

„Komm, schnell!", drängte sie.

„Gleich", sagte Philipp. „Ich will nur noch schnell nachschauen, um was es in der Geschichte geht."

Er steckte die Schriftrolle in die Ledertasche, blätterte in dem Buch und suchte nach der Abbildung einer altertümlichen Schriftrolle. Stattdessen fand er in der Mitte des Buches das Bild eines Vulkans, der direkt über einer Stadt ausbrach. Unter dem Bild stand:

800 Jahre lang war der Vesuv ein friedlicher Berg, an dessen Fuße die Stadt Pompeji lag. Doch gegen Mittag des 24. Augusts im Jahre 79 nach Christi brach er aus und verwandelte sich in einen tödlichen Vulkan.

„Oh, nein!", flüsterte Philipp. „Der 24. August ... das Jahr 79 ... Das ist ja heute! Oh, Mann! Wie spät ist es?" Er sah sich suchend um. „Anne!"

Sie war wieder mal verschwunden.

Philipp schnappte sich seine Ledertasche, umklammerte das Buch und rannte aus dem Schriftrollen-Zimmer.

„Anne!", schrie er.

„Was ist denn?", fragte sie und tauchte in der Tür zum Esszimmer auf.

„Der Vulkan!", rief Philipp.

„Was?", fragte Anne.

„Ein Vulkanausbruch ... der ... gegen Mittag!", stammelte Philipp.

Anne hielt erschrocken die Luft an.

„Weißt du, wie spät es jetzt ist?", fragte Philipp.

„Das hat die Wahrsagerin also gemeint, als sie sagte, das Ende sei nahe!", flüsterte Anne.

„Wie spät ist es?", wiederholte Philipp aufgeregt. Er sah sich im Garten um.

Dann entdeckte er etwas neben dem Meerjungfrauen-Springbrunnen.

„Eine Sonnenuhr!", rief er. „So haben die Römer die Zeit gemessen."

Die Geschwister rannten zur Sonnenuhr hinüber.

„Welche Uhrzeit zeigt sie an?", fragte Anne.

„Keine Ahnung!", erwiderte Philipp.

Mit zitternden Händen blätterte er in seinem Buch, bis er das Bild einer Sonnenuhr fand. Es waren verschiedene Beispiele abgebildet. Philipp blickte zwischen dem Buch und der Sonnenuhr im Garten hin und her.

„Hier!", rief er schließlich. Er hatte eine Abbildung gefunden, die passte. Philipp las, was unter dem Bild stand:

Der Schatten auf der Sonnenuhr ist um Mittag kaum zu sehen.

„Oh, Mann!", flüsterte er und sah Anne entsetzt an. „Das Ende ist nah – das Ende ist da!"

Genau in dem Augenblick hörten sie einen entsetzlichen Knall. Es war das lauteste Geräusch, das sie je in ihrem Leben gehört hatten.

Der Himmel stürzt ein

Das Nächste, woran Philipp sich erinnern konnte, war, dass er auf den Steinen des Innenhofes lag und der Boden zitterte. Aus der Erde kam ein tiefes Grummeln.

Philipp hob den Kopf. Anne lag auch auf dem Boden.

„Ist dir etwas passiert?", fragte Anne.

Philipp schüttelte den Kopf.

Alles um sie herum wackelte und stürzte zu Boden: die Töpfe, die Pflanzen, der Meerjungfrauen-Springbrunnen ... Das Wasser aus dem Goldfischteich schwappte auf die Steine und auf die beiden Kinder.

Sie sprangen auf, gerade rechtzeitig bevor die ersten Dachziegel in den Hof fielen.

„Wir gehen besser rein!", rief Philipp.

Er schnappte sich seine Ledertasche, und dann stolperten sie zurück in die Schriftrollen-Bibliothek.

Gewaltige Risse zogen sich durch den Steinfußboden, als die beiden zum Fenster liefen und hinausschauten.

Glühende Felsen wurden über dem Vesuv in den Himmel geschleudert. Die gesamte Bergspitze war weggesprengt.

„Was geschieht dort draußen?", fragte Anne angstvoll.

„Ich lese mal nach ...", antwortete Philipp und zog mit zitternden Fingern das Buch aus der Tasche. Dann las er aus dem Kapitel über Vulkane laut vor:

Bei einem Vulkanausbruch wird Magma, das ist geschmolzener Stein, an die Erdoberfläche gedrückt. Sobald das Magma außerhalb des Vulkans ist, nennt man es Lava.

„Lava, das ist so etwas wie brennender Schlamm!", sagte Philipp. Er las weiter:

Bei diesem Ausbruch des Vesuv gab es keine Lavaströme. Das Magma aus dem Vulkan kühlte so schnell ab, dass es zu kleinen grau-weißen Bimssteinen gefror. Bimsstein ist ein ganz leichter Stein mit vielen kleinen Löchern drin, wie ein Schwamm.

„Das hört sich doch gar nicht so schlimm an", fand Anne erleichtert.

„Warte, da steht noch mehr", sagte Philipp. Er las weiter:

Eine große Wolke aus Bimsstein, Asche und brennenden Steinen schoss aus dem Vulkan meilenweit in die Luft. Als sie über Pompeji niederging, begrub sie die gesamte Stadt unter sich.

„Oh, Mann!", sagte Philipp. „Das ist ja eine echte Katastrophe!"

„Es wird dunkel", stellte Anne fest.

Philipp sah aus dem Fenster. Eine

dicke, schwarze Wolke spannte sich wie ein Regenschirm über die Stadt. Die Sonne verschwand am rauchig grauen Himmel.

„Das muss die Wolke aus Asche und Bimsstein sein", sagte Philipp.

In dem Moment bebte die Erde erneut. Von der Decke bröckelten große Klumpen Mörtel ab und fielen auf die Schriftrollen.

„Wir müssen hier raus!", schrie Anne.

Sie rannten in den Garten. Es regnete Asche und Bimsstein.

„Wir müssen unsere Köpfe bedecken!", rief Philipp. Sie rannten vom Garten in das Esszimmer.

„Schau, die Kissen!", rief Anne. „Die können wir uns auf den Kopf legen!"

Sie schnappten sich beide ein Kissen.

„Binde es dir mit deinem Gürtel um den Kopf!", rief Philipp.

Mit den Gürteln ihrer Tuniken banden sie sich die Kissen auf den Kopf. Die sahen aus wie riesige Hüte.

Ein Brocken aus der Decke krachte neben ihnen zu Boden.

„Raus hier!", rief Philipp.

Sie stiegen über zerbrochene Dachziegel, rannten zurück in den Flur und öffneten die Haustür. Der Schwall aus Hitze und Staub, der ihnen entgegenschlug, warf sie fast um. Und als sie hinaustraten, regnete es Bimsstein auf ihre Kissen-Hüte.

„Los, wir müssen rennen!", rief Anne.

Und sie rannten von der Ferienvilla hinaus auf die dunkle, brennende Straße.

Ein Albtraum wird wahr

In der Ferne brach eine Feuerwolke aus dem Vesuv. Brennende Steine und feurige Asche fielen vom Himmel.

Die heiße, staubige Luft roch nach faulen Eiern, als Philipp und Anne die Straße entlangrannten. Auf dem Forum rannten die Menschen wild durcheinander: Soldaten, Einkaufende, Gladiatoren, Fruchtverkäufer ... Die Verkaufsstände waren alle zusammengebrochen. Die Karren rutschten quer über den Platz.

Philipp blieb stehen. Er wusste nicht, wo es langging.

„Hierher!", rief Anne.

Philipp rannte ihr hinterher, vorbei am Tempel des Jupiter, dessen mächtige Säulen umgefallen waren und dessen Wände einfielen.

Als sie am Badehaus vorbeiliefen, stürzte das Dach ein.

„Wo lang jetzt?", fragte Anne.

„Das Baumhaus ist in dem Olivenhain", rief Philipp beim Rennen.

„Der Olivenhain und die Brücke sind in der Nähe der Straße mit all den offenen Geschäften", erinnerte sich Anne.

Philipp sah zu dem bebenden Berg. Die Luft über dem Berg flimmerte rötlich vor Hitze. Auf den Hängen brannte alles lichterloh.

„Wir müssen in Richtung Vesuv

laufen", sagte Philipp. „Als wir nach Pompeji kamen, war der Berg hinter uns."

„Du hast Recht!", rief Anne.

Und während andere vom Vesuv wegrannten, liefen Anne und Philipp auf ihn zu.

In der Straße mit den offenen Geschäften kullerten Körbe und zerbrochene Krüge über die zerborstenen Steine.

Philipp und Anne ließen die Bäckerei, das Schuhgeschäft, den Metzgerladen und den Friseur hinter sich. In den Läden war keine Menschenseele mehr.

Je näher sie dem Vulkan kamen, desto heftiger bebte die Erde und umso dunkler und staubiger wurde es.

„Das ist genau wie in meinem Albtraum!", rief Anne.

Philipp musste wegen der schlechten Luft husten. Seine Augen tränten.

„Da ist der Olivenhain!", rief Anne erleichtert. „Und dort steht das Baumhaus! Komm, schnell!"

Philipp konnte kaum noch etwas sehen, aber er folgte Anne. Sie verließen die Straße und rannten zu dem ausgetrockneten Fluss bei dem Olivenhain.

„Wo ist die Brücke?", schrie Anne.

Sie sahen sich verzweifelt um. Die Brücke war verschwunden.

Rette uns!

„Die Brücke muss eingestürzt sein!", rief Anne.

Sie starrten in das ausgetrocknete Flussbett. Bimsstein hatte sich wie Schnee zu Verwehungen aufgehäuft.

„Wir müssen da durch, wenn wir auf die andere Seite wollen!", sagte Philipp.

Die beiden Geschwister stolperten das Ufer hinab in den Fluss aus Bimsstein. Als sie losgehen wollten, fielen mehr und mehr Bimssteine vom Himmel.

Philipp versuchte, durch die Millionen warmer, gräulich weißer Kiesel zu waten. Doch er steckte fest.

„Ich komme nicht vorwärts!", rief Anne.

„Ich auch nicht!", krächzte Philipp.

„Erinnerst du dich an das, was Morgan zu uns gesagt hat?", fragte Anne.

Aber Philipp konnte sich im Augenblick an gar nichts erinnern. Er war zu müde und benommen.

„In eurer dunkelsten Stunde kann nur die Geschichte euch retten!", wiederholte Anne Morgans Worte. „Wo ist deine Tasche?"

Philipp hob seine Tasche hoch über das Meer aus Bimsstein-Kieseln. Anne griff nach der Tasche und zog die alte Schriftrolle hervor. Sie hielt sie hoch gegen den dunklen Himmel.

„Rette uns, Geschichte!", schrie sie.

Philipp merkte, dass er tiefer und tiefer in den Bimssteinen versank. Plötzlich hörte er eine tiefe Stimme sagen: „Steh auf, Junge!"

Dann hob ihn jemand in die Luft.

Ein feuriger Blitz erhellte die staubige Dunkelheit. Und in dem rötlichen Licht erblickte Philipp den größten und stärksten Mann, den er jemals gesehen hatte.

Der Mann sah aus wie ein Gladiator, nur noch größer als die, die sie am Morgen gesehen hatten.

In einem Arm hielt er Anne und im anderen Philipp. Er setzte beide am anderen Ufer ab.

„Rennt!", donnerte der hünenhafte Gladiator. „Rennt, ehe es zu spät ist!"

Philipp und Anne hielten sich nicht damit auf, Fragen zu stellen, sondern rannten durch den Olivenhain.

Sie sprangen über abgebrochene Äste, hüpften über Spalten in der Erde und gelangten so schließlich zum magischen Baumhaus.

Sie ergriffen die Strickleiter und kletterten hoch ins Baumhaus.

„Wo ist das Pennsylvania-Buch?", fragte Philipp.

Vor lauter Asche und Staub konnte er das Buch, das sie sonst immer nach Hause brachte, nicht finden.

„Ich hab es!", schrie Anne. „Ich wünschte, wir könnten dorthin reisen!", rief sie.

Philipp merkte, wie das Baumhaus sich drehte.

Es drehte sich schnell und immer schneller.

Dann war alles still.

Totenstill.

Eine einfache Erklärung

Philipp bewegte sich nicht. Noch nie war er so müde gewesen.

„Luft!", jubelte Anne.

Und auch Philipp konnte nicht genug bekommen von der frischen, kühlen Luft. Er öffnete die Augen – aber er konnte nichts sehen.

„Setz lieber erst deine Brille ab", sagte Anne. „Sie ist ganz schmutzig."

Philipp nahm seine Brille ab. Und das Erste, was er sah, war sein Rucksack. Die weißen Tuniken und die geschnürten Sandalen waren verschwunden – ebenso wie die weißen Kissen-Hüte und die Ledertasche.

Philipp seufzte tief. Als er die Brille mit seinem T-Shirt sauber machte, vernahm er hinter sich eine Stimme.

„Ich bin ja so froh, dass ihr heil und gesund wieder zurück seid!" Die Zauberin Morgan stand in einer Ecke des Baumhauses und sah so schön und geheimnisvoll aus wie immer. „Seid ihr froh, wieder zu Hause zu sein?", fragte sie.

Philipp nickte. Das Donnern des ausbrechenden Vulkans dröhnte ihm immer noch in den Ohren.

„Es war ... es war ziemlich unheimlich!", sagte er heiser.

„Ich weiß", sagte Morgan. „Aber ihr wart ungeheuer mutig! Ihr habt eines der bekanntesten Ereignisse in der Geschichte miterlebt. Noch heute forschen Wissenschaftler in den Über-

93

resten von Pompeji, um mehr über das Alltagsleben der Römer zu erfahren."

„Mir tun all diese Leute Leid!", sagte Anne.

„Ja", erwiderte Morgan. „Aber die meisten Leute aus Pompeji konnten entkommen, denn die Stadt wurde erst einen Tag später unter der Asche begraben."

„Fast hätten wir in der Falle gesessen", erzählte Anne. „Aber dann haben wir die alte Geschichte gebeten, uns zu helfen. Und ein riesiger Gladiator kam uns zu Hilfe."

Philipp fasste in seinen Rucksack. Er seufzte erleichtert, die Schriftrolle war drin. Er zog sie hervor, und sie war immer noch voller Staub und Asche.

„Hier ist die Geschichte!", sagte er und reichte sie Morgan.

„Ich bin euch ja so dankbar!", sagte sie leise. „Ihr habt eine Menge gewagt, um sie zu holen! Das werde ich nie vergessen!"

„Gern geschehen!", sagte Philipp. Er wollte nicht, dass Morgan erfuhr, wie sehr er sich gefürchtet hatte.

„Ja, schon okay!", sagte Anne.

Morgan lächelte. „Ihr seid wirklich ganz erstaunliche Meister-Bibliothekare!", sagte sie. „Würdet ihr vielleicht noch eine Geschichte für mich retten?"

„Klar!", rief Anne sofort.

„Sofort?", fragte Philipp. Er war jetzt eigentlich doch ein bisschen erschöpft!

Morgan lachte. „Nein, nicht sofort! Macht erst einmal Ferien. Wenn ihr in zwei Wochen wiederkommt, werdet ihr ins alte China reisen", sagte sie.

„Ins alte China? Super!", rief Anne.

„Oh, Mann!", rief Philipp.

„Jetzt geht und ruht euch aus!", meinte Morgan. Sie reichte Philipp seinen Rucksack.

„Danke", sagte er. „Auf Wiedersehen!"

„Wiedersehen!", sagte auch Anne.

Morgan winkte.

Dann kletterten Anne und Philipp aus dem Baumhaus. Als sie unten ankamen, schaute Philipp noch einmal hinauf.

96

„Morgan!", rief er. „Wovon handelt die Geschichte, die wir gerade gerettet haben, eigentlich?"

„Sie heißt: ‚Der stärkste Mann der Welt'", antwortete Morgan. „Es ist eine der verloren gegangenen Geschichten über Herkules."

„Über Herkules?", wiederholte Philipp.

„Ja, er war einer der großen Helden der Römer und der Griechen", erklärte Morgan. „Er war der Sohn Jupiters."

„Hey, irre! Jetzt kapiere ich!", rief Anne.

„Ich bringe die Geschichte an den Hof von Camelot", verkündete Morgan. „Dank eurer Hilfe kann jeder dort sie nun lesen." Sie winkte ihnen zu. „Bis bald!"

Wind kam auf. Das Baumhaus fing

an, sich zu drehen. Und dann verschwanden Morgan und das magische Baumhaus in einem verschwommenen Streifen aus Licht und Farben.

Philipp und Anne liefen durch den Wald von Pepper Hill.

„Hast du verstanden?", fragte Anne.

„Was denn?"

„Es war Herkules, der uns gerettet hat!", erklärte Anne. „Wir haben die

Geschichte gebeten, uns zu helfen –
und dann ist Herkules aufgetaucht!"

„Das ist unmöglich!", widersprach
Philipp. „Das war einfach irgendein
Gladiator! Die Geschichte von
Herkules ist nur eine Sage. Der Typ
hat niemals wirklich gelebt!"

Sie kamen aus dem Wald und auf
ihre Straße.

„Ich weiß, dass es eine Sage ist",
sagte Anne. „Aber ich habe eine ganz
einfache Erklärung!"

„Welche denn?", fragte Philipp.

„Herkules ist für die Leute in unserer
Gegenwart eine Sagengestalt", begann
Anne, „aber bei den alten Römern
glaubten eine Menge Leute, dass es
ihn tatsächlich gab. Und da wir bei den
Römern waren, war er auch für uns
wirklich."

„Ich weiß nicht ...", zweifelte Philipp.

„Kennst du nicht das Sprichwort:
‚Wenn du bei den Römern bist, mach
es wie die Römer'?"

Philipp musste lachen. „Doch." Er sah
hinauf zum Himmel. „Danke, Herkules",
flüsterte er. „Egal, ob echt oder nicht!"

„Anne! Philipp!", rief ihr Vater von der
Veranda aus. „Wir wollen fahren!"

„Oh, Mann!", sagte Philipp. „Das
habe ich ja ganz vergessen!"

„Ich hoffe, es passiert nichts
Aufregendes in unseren Ferien!",
seufzte Anne.

„Ja, hoffentlich werden sie wirklich so
richtig langweilig!", lachte Philipp.

„Beeilt euch!", rief ihr Vater.

Und kaum zu Hause, brachen sie
schon wieder auf – zu hoffentlich ganz
geruhsamen Ferien!

Für Susan Longfellow

FORSCHERHANDBUCH ALTES ROM

1
DAS ALTE ROM

Die Geschichte Roms beginnt mit einer Legende. Nach dieser Legende hatte der Kriegsgott Mars Zwillingssöhne, die Romulus und Remus hießen. Die Jungen wurden am Ufer des Tibers ausgesetzt. Eine Wölfin fand die Babys und säugte sie wie eine Mutter. Später nahm ein freundlicher Hirte die beiden bei sich auf und zog die Jungen als seine Söhne auf.

Als Romulus und Remus älter waren, beschlossen sie dort, wo man sie gefunden hatte, eine Stadt zu errichten. Es brach ein Streit darüber aus, wer von ihnen der Herrscher sein sollte. Schließlich tötete Romulus seinen Bruder. Die Legende besagt, dass Romulus dann die Stadt Rom gründete und sie nach sich selbst benannte.

Die wahre Geschichte des alten Rom ist ein bisschen anders. Rom wurde in Wirklichkeit vor über 3000 Jahren gegründet. Bauern und Fischer siedelten sich auf den Hügeln am Tiber an. Diese kleinen Siedlungen wuchsen bald zusammen.

Der Tiber leistete einen großen Beitrag dazu, dass das Dorf bald zu einer Stadt heranwuchs. Denn am Fluss lagen Salzwiesen. Und Salz war damals ein wertvolles Handelsgut. Die Römer bereisten den Fluss und handelten mit Salz und anderen Gütern.

Dieser Holzschnitt zeigt ein altes römisches Handelsschiff.

Nach einiger Zeit stellten die Römer ein kleines Heer auf. Sie begannen, um das Land anderer Volksgruppen zu kämpfen. Nach und nach gewannen die Römer an Macht, bis sie über ganz Italien herrschten. Im Laufe der Jahre eroberten die römischen Armeen ganz Griechenland und das heutige Österreich und Frankreich. In weniger als 300 Jahren hatten sie den größten Teil Westeuropas unterworfen. Sie eroberten auch Großbritannien und große Teile Nordafrikas und des Mittleren Ostens.

Das Römische Reich erstreckte sich über vier Millionen Quadratkilometer. Zu den Völkern, die unter römischer Herrschaft standen, gehörten Ägypter, Juden, Griechen, Germanen, Kelten und Syrer.

753–509 v. Chr.:
Die Römische Königszeit

Es heißt, dass Rom zu Beginn von Königen regiert wurde. Doch das ist nur die halbe Wahrheit. Die Regierungszeit der Könige hat wohl kaum mehr als 200 Jahre angedauert. Mit ihrem letzten König, Tarquinius, waren die Römer so unzufrieden, dass sie ihn stürzten und eine Republik gründeten. Von nun an wollten die Römer nie wieder einen König als Herrscher haben.

509–31 v. Chr.: Die Römische Republik

Eine Republik ist eine Staatsform, bei der niemals nur eine Person die alleinige Macht besitzt. In der Römischen Republik hatte das Volk viel Einfluss auf die Regierung. Die Römer wählten zwei Männer, die *Konsuln*. Diese blieben ein Jahr im Amt. Bei jeder Entscheidung mussten sich die beiden Männer einig sein.

Zur Regierung gehörte auch eine Gruppe mächtiger Männer, die *Senatoren* hießen. Sie waren im *Senat* tätig und berieten die Konsuln. Ab Ende des

Diese Statue des Konsuls Cicero steht im Museum von Oxford in England.

Zu Beginn hatte der Senat 300 Mitglieder. Später waren es bis zu 1000.

4. Jahrhunderts vor Christus bekleideten die Senatoren ihr Amt auf Lebenszeit.

Die gewöhnlichen Bürger bildeten die so genannten *Volksversammlungen*. Diese kamen mindestens einmal im Jahr zusammen, um Beamte zu wählen oder Gesetze zu verabschieden. Frauen, Sklaven und Leute, die nicht aus Rom stammten, durften nicht wählen.

27 v. Chr.–476 n. Chr.: Die Römische Kaiserzeit

Nach dem Ende der Republik wurde Rom von *Kaisern* regiert. Ein Kaiser war eine Art König mit besonders viel Macht. Der Senat und die Volksversammlungen bestanden noch weiter, aber der eigentliche Herrscher war der Kaiser.

Starb ein Kaiser, bestieg meist einer seiner Nachkommen den Thron.

Es war ganz schön gefährlich, römischer Kaiser zu sein. Viele von ihnen wurden von ihren Feinden umgebracht.

Diese Reiter-statue des Kaisers Marcus Aurelius stammt aus dem Jahr 166 n. Chr.

Die Römer

Im alten Rom waren die Menschen in drei Gruppen aufgeteilt: *Patrizier*, *Plebejer* und *Sklaven*. Patrizier waren reiche Bürger, die Land besaßen und viele Sklaven hatten. Viele Patrizier bekleideten einflussreiche Ämter in der Regierung oder in der Armee.

Plebejer konnten in den Volksversammlungen mitwirken.

Die Plebejer waren ganz gewöhnliche römische Bürger. Sie besaßen Geschäfte oder waren Handwerker. Manche von ihnen waren wohlhabend. Aber zu Beginn der Republik hatten sie lang nicht so viel Macht wie die Patrizier.

Es gab auch viele arme Plebejer ohne Arbeit in Rom. Sie waren von der Barmherzigkeit der Patrizier abhängig.

Lange Jahre war den Plebejern die Macht der Patrizier ein Dorn im Auge. Sie wollten mehr Einfluss. Später durften die Plebejer Konsul werden und erlangten einen großen Teil der Macht, den zuvor nur die Patrizier hatten.

Sklaven machten einen Großteil der Bevölkerung aus. Sie hatten keine Rechte und durften nicht wählen. Auch wenn sie teilweise wie Familienmitglieder behandelt wurden, hatten die meisten ein schweres Leben. Viele von ihnen waren ungebildet. Andere hingegen waren gebildet und nahmen in der Familie die Rolle eines Hauslehrers ein. Viele Menschen gerieten in Sklaverei, weil sie im Krieg gefangen genommen oder von ihren armen Eltern verkauft worden waren. Sklaven durften Geld besitzen und sich selbst freikaufen.

Reiche Familien besaßen bis zu 500 Sklaven.

Diese römische Dame hat Sklavinnen, die ihr das Haar machen und sie ankleiden.

2
DIE EWIGE STADT

Heute ist Rom als die *Ewige Stadt* bekannt. *Ewig* heißt ja eigentlich, dass etwas schon immer da war. Natürlich war Rom nicht schon immer da. Aber schon unglaublich lang. Seit mehr als 2500 Jahren ist Rom eine große Stadt. Rom war der Mittelpunkt des Römischen Reichs. Was die Regierung in Rom beschloss, galt für das gesamte Herrschaftsgebiet.

Die Stadt quoll über von Mietskasernen,

Es gab zeitweise über 46 000 Wohnblocks in Rom.

<u>Architekten</u> planen und entwerfen Gebäude.

Geschäften und Schänken. Es gab auch prächtige Denkmäler, öffentliche Gebäude, Tempel, Brücken und wunderschöne Springbrunnen. Die alten Römer waren großartige Baumeister. Einige ihrer Bauwerke stehen schon seit über 2 000 Jahren!

Die Römer schauten sich viel von den Griechen ab. Sie heuerten sogar häufig griechische Architekten für ihre Bauwerke an. Aber die Römer entwickelten auch selbst die Baukunst weiter.

Römische Gebäude besaßen oft massive runde Bögen und wunderschöne Kuppeln. Die Römer bauten auch äußerst stabile Brücken, Straßen und Tunnel.

Sie verwendeten ein neues Baumaterial, den *Beton*, den sie um 200 v. Chr. entwickelt hatten.

Römischer Bogen

Die Arbeiter stellten Beton her, indem sie Kalk, Wasser, Sand und Kies zusammenrührten. Wenn die Mischung getrocknet war, war sie sehr fest und haltbar. Römische Gebäude waren zum Teil stabiler und höher als die der Griechen. Im heutigen Rom erinnern die Ruinen dieser Bauwerke noch immer an die Pracht längst vergangener Zeiten.

Manchmal wurde der Name des Architekten in einen Stein eingemeißelt.

Ein <u>Amphitheater</u> ist ein offenes Stadion mit Sitzreihen.

Das Kolosseum

Das Kolosseum war ein riesiges *Amphitheater*, vergleichbar einem Fußballstadion. Es war 50 Meter hoch und bot Platz für 50 000 Menschen!

Die Römer gingen ins Kolosseum, um sich die Spiele anzusehen. *Spiele* ist ein recht harmloses Wort für die blutigen Kämpfe, die dort stattfanden. Doch die Römer strömten in Massen ins Kolosseum und fühlten sich bestens unterhalten.

In einem einzigen Kampf sollen einmal

Gladiatoren waren dafür ausgebildet, zur Unterhaltung der Leute zu kämpfen.

über 10 000 Menschen und Tiere zu Tode gekommen sein! Die Massen sahen zu, wenn Gladiatoren und wilde Tiere kämpften.

Um die Bevölkerung bei Laune zu halten, war die Unterhaltung kostenlos. Als das Kolosseum im Jahr 80 n. Chr. eröffnet wurde, ordnete Kaiser Titus hunderttägige Spiele an. Tausende von Tieren und Gladiatoren ließen dabei ihr Leben. Doch das römische Publikum war begeistert.

Aqua ist das lateinische Wort für „Wasser".

Aquädukte

Zeitweise lebten über eine Million Menschen in Rom. Sie brauchten jede Menge Wasser. Römische Baumeister errichteten *Aquädukte*, um die Stadt mit Wasser zu versorgen.

Aquädukte sind Leitungen, durch die Wasser von weit entfernten Quellen in die Städte transportiert wird. Im alten Rom wurde das Wasser in über 20 Aquädukten insgesamt über 400 Kilometer weit geleitet! Einige der römischen Aquädukte sind sogar noch bis heute in Betrieb.

Diese Aquäduktbrücke bei Nîmes in Frankreich wurde über eine Schlucht gebaut.

Die meiste Zeit floss das Wasser durch unterirdische Kanäle. Aber an einigen Stellen waren die Aquädukte auch überirdisch. Sie leiteten Wasser über Berge und Täler hinweg und sahen aus wie große Brücken.

Es gab Aquädukte, die Wasser fast 100 Kilometer weit transportierten!

Wenn das Wasser die Stadt erreicht hatte, wurde es durch Rohre in die verschiedenen Teile der Stadt geleitet. Die Leitungen waren aus Stein, Ton, Holz, Leder, Blei oder Bronze.

Das Wort Pantheon bedeutet „für alle Götter".

Das Pantheon

Die Römer beteten viele verschiedene Götter an. Das *Pantheon* war ein Tempel, der all ihren Göttern geweiht war.

Heute ist es immer noch in gutem Zustand, obwohl es schon vor fast 2 000 Jahren erbaut wurde. Die Römer verwendeten bei seinem Bau einen besonders starken Beton. Denn sie wollten, dass es sehr, sehr lange Bestand hat – und das ist ihnen auch gelungen!

Auf dem Pantheon sitzt eine gewaltige Kuppel. Ursprünglich war diese mit vergoldeten Bronzeziegeln gedeckt. Sie leuchtete so hell und ragte so hoch auf, dass man sie früher von überall aus sah.

Heute ist das Pantheon eine christliche Kirche. Die Besucher stehen dort, wo einst die alten Römer standen, um ihren Göttern zu huldigen.

Das Forum Romanum

Neben dem Kolosseum befinden sich die Ruinen eines großen öffentlichen Platzes. Dies war das berühmte Forum Romanum. Viele Tempel, Geschäfte, Wirtschaftsgebäude und Denkmäler säumten einst den Platz.

Das Forum war ein beliebter Ort zum Redenhalten. Bei den Römern galt es als Kunst, dies mit viel Überzeugungs-

Das lateinische Wort Orator kommt von orare, was „sprechen" bedeutet.

kraft zu tun. Die *Oratoren* oder *Sprecher* gaben ihre Meinung kund, und die Massen drängten sich zum Zuhören.

Mit dem Niedergang des Römischen Reichs verfiel auch das Forum. Tiere grasten in den Ruinen. Bauern bauten hier Gemüse an. Heute können wir nur noch erahnen, wie prächtig das Forum Romanum einst gewesen sein muss.

Man kann noch heute die Ruinen des Forum Romanum besichtigen.

Die Thermen des Caracalla

Die meisten Römer hatten zu Hause kein Bad. Als Toilette benutzten sie Töpfe oder öffentliche Latrinen. In diesen Latrinen gab es lange Reihen von Steinbänken, in denen sich Öffnungen befanden. Fließendes Wasser unterhalb der Bänke schwemmte den Dreck davon.

Der Urin wurde gesammelt und zum Kleiderfärben oder Ledergerben verwendet!

Igitt! Die Römer putzten sich mit zu Pulver zerstoßenen Mäusegehirnen die Zähne!

Ihr Trinkwasser holten sich die Römer von Brunnen. Um zu baden und Freunde zu treffen, besuchten sie öffentliche Badeanstalten. Zeitweise gab es rund 900 Bäder in Rom! Manche davon hatten rund um die Uhr geöffnet. Eines wurde sogar mit 1 000 Lampen beleuchtet.

Die Thermen des Caracalla boten über 1 600 Menschen Platz. Edler Marmor und bunte Mosaiken bedeckten die Wände und Böden. Gärten mit sprudelnden Springbrunnen umgaben das Gebäude. Die Besucher der Thermen konnten sich in Kunstgalerien, Bibliotheken und Restaurants vergnügen.

In den Bädern selbst konnten die Badegäste warme und kalte Becken nutzen. Das Wasser wurde in Öfen unter dem Badebereich erwärmt. Dieses Heizsystem nannte man *Hypokaustum*.

Sklaven standen bereit, um den Badenden Handtücher und wohlriechende Öle zu reichen.

Heute ziehen die Thermen des Caracalla noch immer viele Besucher an. Aber jetzt hauptsächlich am Abend, denn dann kann man in der Ruine großartige Konzerte unter dem Sternenhimmel erleben.

Gladiatoren

Gladiatoren wurden im Nahkampf trainiert. Viele von ihnen waren Kriegsgefangene oder Sklaven, aber es gab auch freie Männer, die für das Kämpfen bezahlt wurden.

Severus benutzt ein Netz, um seinen Gegner zu fangen, und einen Dreizack, um ihn zu erstechen.

Gladiatoren führten meist Kämpfe auf Leben und Tod. Wurde jedoch ein besonders tapferer Kämpfer verwundet, konnte der Kaiser ihn begnadigen. Das Publikum verfolgte gespannt das Geschehen und schloss Wetten auf die Kämpfer ab. Einige von ihnen waren so berühmt wie Rockstars heute!

Marcus kämpft mit Schwert und Schild.

3
DIE RÖMISCHE ARMEE

Im Jahre 103 n. Chr. säumten große Menschenmassen die Straßen von Rom. Sie waren gekommen, um die Rückkehr von Kaiser Trajan nach seinem Sieg über die Daker zu bejubeln.

Trompeten erklangen. Die Leute drängten nach vorne, um einen Blick zu erhaschen, wenn die Fahnenträger vorüberschritten. An den verschiedenen Fahnen konnte man ihre Einheit erkennen. Hunderte von Soldaten zogen in der Parade vorbei. Sie waren schwer beladen mit Schätzen derer, die sie besiegt hatten.

Danach folgte mit schlurfenden Schritten eine Gruppe schmutziger Gefangener, die ihre Ketten hinter sich herschleppten.

Und schließlich fuhr Trajan selbst in einem goldenen Wagen vorüber, der von vier tänzelnden Pferden gezogen wurde. Wieder einmal war die römische Armee siegreich zurückgekehrt!

Über 400 Jahre lang besaß Rom eines der größten Heere der Welt. In der Blütezeit des Kaiserreichs schworen 300 000 Soldaten dem Kaiser und seinen Generälen absolute Treue. Ohne seine schlagkräftige Armee hätte das Römische Reich nie diese Größe und Bedeutung erlangt.

Männer im Alter von 17 bis 46 konnten Soldat werden.

Die Legion

Römische Soldaten gehörten bis zu 6 000 Mann starken Einheiten an, die *Legionen* genannt wurden. Die Legionen waren wiederum in 80 Mann starke Einheiten unterteilt, die so genannten *Zenturien*. Zenturien wurden von einem kampferfahrenen Offizier befehligt, dem *Zenturio*.

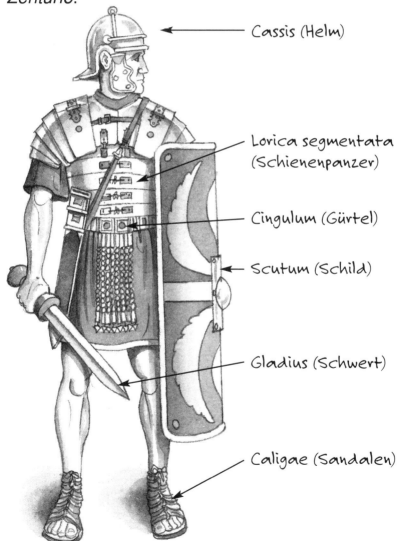

Cassis (Helm)

Lorica segmentata (Schienenpanzer)

Cingulum (Gürtel)

Scutum (Schild)

Gladius (Schwert)

Caligae (Sandalen)

Ausbildung

Jeder Zenturio war dafür verantwortlich, seine Männer zu trainieren. Die Ausbildung war hart und brutal. Zu den Strafen gehörten Schläge und sogar der Tod.

Die Soldaten lernten, zügig zu marschieren und dabei schwere Lasten zu tragen. Um in Form zu bleiben, machten die Männer drei Trainingsmärsche im Monat. Sie überwanden über 30 Kilometer in fünf Stunden mit mehr als 30 Kilo Gepäck.

Zenturionen machten aus ihren Männern gewandte und todbringende Kämpfer. Der Sieg hing davon ab, wie gut die Soldaten den Schwertkampf beherrschten und wie zielsicher sie einen Wurfspieß warfen. Außerdem mussten sie geschickt mit Pfeil und Bogen umgehen können. Um Kraft zu entwickeln, trainierten die Soldaten mit Schwertern, die doppelt so schwer waren wie die, die sie im Kampf verwendeten.

Soldaten übten zweimal am Tag mit Schwert und Schild.

Soldaten trugen im Kampf mehrere kurze und lange Wurfspieße. Wie bei den Schwertern waren auch die Trainingsspeere viel schwerer.

Das harte Training zahlte sich aus. Kämpfen wurde für die Soldaten etwas ganz Alltägliches. Ein Geschichtsschreiber, der die Römer im Gefecht

Um Muskeln aufzubauen, warfen die Soldaten schwere Steine.

Die römische Armee setzte im Kampf manchmal Kriegselefanten und Hunde ein.

beobachtete, berichtete, dass es so aussehe, als ob die Soldaten eins mit ihren Waffen seien.

Die Soldaten lernten auch schwimmen, um Bäche und Flüsse durchqueren zu können.

Kampfformationen

Die Römer kämpften manchmal in einer Formation, die *Testudo* genannt

wurde, also *Schildkröte*. Die Männer in der ersten Reihe standen eng nebeneinander und hielten ihre Schilde vor sich.

Die Soldaten hinter ihnen hielten ihre Schilde über dem Kopf und gaben damit auch ihren Vordermännern Deckung. Die Schilde schützten sie vor den Pfeilen und Wurfspießen der Feinde. Dadurch fühlten die Soldaten sich sicher wie eine Schildkröte in ihrem Panzer!

Soldaten trugen im Kampf lange rote Mäntel. Ihre Feinde sahen eine gewaltige rote Welle auf sich zurollen.

Die Soldaten kämpften im Abstand von etwa einem Meter.

Mit Trompeten wurde zum Angriff geblasen. Dann liefen die Soldaten vorwärts und schleuderten ihre Wurfspieße.

Oft folgten Nahkämpfe. Wenn sich das Gefecht in die Länge zog, ersetzten frische Soldaten aus den hinteren Reihen die müden Leute an der Spitze. Fliehende Feinde wurden von Soldaten zu Pferd verfolgt.

Caesar nimmt eine Stadt ein

Die Römer waren Meister der Belagerungstechnik. *Belagerung* bedeutet, dass eine Armee eine Stadt einkesselt. Im Jahr 52 n. Chr. belagerte Julius Caesars Armee in Gallien die Stadt Avaricum, die von einer Stadtmauer umgeben war.

Avaricum lag im heutigen Frankreich.

Als die Römer dort ankamen, fällten sie als Erstes Bäume. Mit dem Holz errichteten sie ein Lager zum Schutz vor Pfeilen.

In den Gebäuden bauten die Männer Rampen und Belagerungstürme.

In der Schildkrötenformation schleppten sie die Rampen zum Fuß der Stadtmauer. Dann rollten sie die Belagerungstürme die Rampen hinauf. Die Männer kletterten auf die Türme, um sich einen Weg über die Mauer zu erkämpfen. Aber die Bewohner Avaricums setzten sich heftig zur Wehr. Sie errichteten eigene Türme, beschossen die Angreifer mit brennenden Pfeilen und schleuderten große Steine auf sie.

Der Kampf tobte 25 Tage und Nächte. Schließlich erhoben sich die römischen Türme mehr als sechs Meter über der Stadtmauer! Die römischen Soldaten kletterten hinüber und öffneten die Stadttore. Als sie in die Stadt strömten, brachten sie Tod und Zerstörung.

Die Soldaten schossen oft Pfeile ab, die an der Spitze mit brennenden Lumpen umwickelt waren.

Je größer das Reich wurde, desto wichtiger war eine starke Armee. So schrieb ein römischer Geschichtsschreiber: „Wer den Frieden will, rüste zum Krieg." Das mächtige Rom war stets gerüstet.

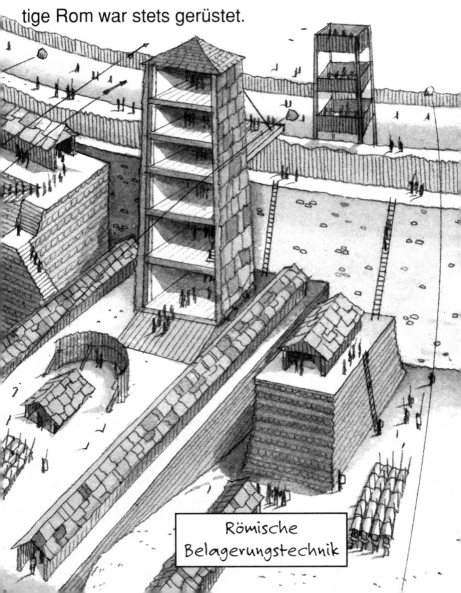

Römische Belagerungstechnik

Römische Kriegsmaschinen

Während einer Belagerung fuhren die Römer schwere Geschütze auf. Sie setzten tödliche Maschinen ein, die Steine, große Metallstücke und brennende Speere auf ihre Feinde schleuderten.

Onager

Onager bedeutet „wilder Esel".

Onager sind Wurfmaschinen. Sie waren die größten Kriegsmaschinen. Manche konnten 30 Kilo schwere Steine mehrere hundert Meter weit schleudern.

Flammenwerfer

Flammenwerfer schossen drei Meter lange brennende Speere mehrere hundert Meter weit!

Balliste

Eine *Balliste* ist eine Art Armbrust. Die größten mussten von zehn Männern bedient werden. Die Soldaten luden sie mit Steinen oder eisenbeschlagenen Pfeilen, die über 180 Stundenkilometer flogen. Alles, was ihnen im Weg stand, wurde voll und ganz zerstört.

4

RECHT UND ORDNUNG

Das Römische Reich erreichte gegen 117 v. Chr. seine größte Macht. Einige Teile des Reiches wie Griechenland und Ägypten konnten selbst auf eine lange Geschichte zurückblicken. Die Römer erlaubten fast allen Völkern, ihre Sprache, Sitten und Religion zu bewahren.

Doch sie waren auch berühmt und berüchtigt dafür, dass sie überall das römische Recht und ihre Ordnung durchsetzten. Jeder musste die römischen Gesetze befolgen und Steuern zahlen. Ab und an kam es aber auch vor, dass sich die unterworfenen Völker widersetzten. Doch die Römer setzten alles daran, Recht und Ordnung aufrechtzuerhalten.

Wenn sie eine Region eroberten, errichteten sie dort Lager. Die Soldaten in den Lagern sicherten den Frieden. Die Römer bauten auch Städte, in denen man fast genauso lebte wie in Rom selbst.

Die Regierung sandte ihre Beamten in weit entfernte Städte des Reichs. Sie zogen Steuern ein, sprachen bei Streitigkeiten Recht und sorgten dafür, dass die römischen Gesetze befolgt wurden.

Die Römer teilten die Länder in Gebiete auf, die sie Provinzen nannten. Jede Provinz hatte einen römischen Statthalter.

Römerstraßen

Einst lag ein Stein, der Römische Meilenstein, in der Mitte des Forum Romanum. Er zeigte den Punkt an, von dem alle Straßen des Römischen Reichs ausgingen. Ein altes Sprichwort besagt, dass alle Straßen nach Rom führen. Im alten Rom war das nicht einfach so dahingesagt, sondern wahr!

Es gab über 300 große Straßen im Römischen Reich – insgesamt über 80 000 Kilometer! Um Recht und Ordnung in diesem großem Reich aufrechtzuerhal-

Die Via Appia war eine berühmte Straße, die 312 v. Chr. gebaut wurde.

Eine der ersten Straßen hieß Via Salaria, also <u>Salzstraße</u>, weil Händler auf ihr Salz von der Küste nach Rom brachten.

ten, mussten die Römer schnell überall hingelangen. Auf den Straßen konnte man ungehindert von Britannien bis nach Ägypten ziehen.

Die Straßen verliefen gerade und waren von guter Qualität. Sie überstanden 300 Jahre ohne Reparaturen!

Bürgerrecht

Im späten Römischen Reich verlieh Rom seinen Einwohnern das Bürgerrecht – ausgenommen Sklaven und Frauen. Viele Leute konnten jetzt sagen: „Civis Romanus sum" („Ich bin ein Bürger Roms").

Latein

Die Römer sprachen eine Sprache, die *Latein* heißt. Das Latein breitete sich über das ganze Reich aus und war die Sprache, in der die Gesetze geschrieben wurden und die in der Regierung verwendet wurde. Nach und nach wurde Latein die offizielle Sprache des Reiches.

Noch Jahrhunderte nach dem Zusammenbruch des Römischen Reichs lasen und schrieben Menschen in Latein. Latein und Griechisch bilden die Grundlage vieler Wörter, die wir bis heute benutzen, beispielsweise in Wissenschaft und Medizin.

Spanisch, Französisch, Italienisch, Portugiesisch und Rumänisch stammen alle von Latein ab. Man nennt sie romanische Sprachen. Deutsch zählt nicht dazu. Aber viele unserer Wörter haben lateinische Wurzeln.

Blättere um, und lerne Latein.

151

Sprich Latein!

"Civis Romanus sum!"

"Ich bin kein römischer Bürger!"

LATEIN	BEDEUTUNG	DEUTSCH
radix	Wurzel	Radieschen
mare	Meer	Marine
saltus	Sprung	Salto
pater	Vater	Pater
tabella	Täfelchen	Tabelle
totus	insgesamt	total

Berühmte Personen

Im alten Rom lebten jede Menge reiche und schillernde Persönlichkeiten. Manche waren sehr berühmt und vollbrachten ruhmreiche Taten. Zum Beispiel trugen sie dazu bei, das Römische Reich noch zu vergrößern. Andere dagegen waren tragische Gestalten, die ein schweres Schicksal hatten. Und wieder andere waren einfach nur schrecklich!

Hannibal

(247–183 v. Chr.)

Hannibal war ein General aus Karthago in Nordafrika. Karthago und Rom führten mehrere Kriege gegeneinander, die so genannten *Punischen Kriege*. Nach dem ersten Punischen Krieg sann Hannibal auf Rache.

217 v. Chr. scharte er seine Armee um sich, um in Italien einzumarschieren. Weil die Römer die Meere kontrollierten, führte er seine Armee in einem langen Umweg über die Alpen. Auf seinem Kriegszug nahm er 37 Kriegselefanten mit!

Zwei Wochen benötigten Hannibal, seine Männer und die Elefanten für die gefahrvolle Überquerung der Alpen. Als sie Italien erreichten, war nur eine Hand voll Elefanten übrig. Auch war beinahe die Hälfte seiner Soldaten ums Leben gekommen.

Hannibal blieb lange Zeit in Italien und

versuchte erfolglos, die Römer zu besiegen. Letzten Endes griffen die Römer Jahre nach Hannibals Tod Karthago an und brannten es nieder.

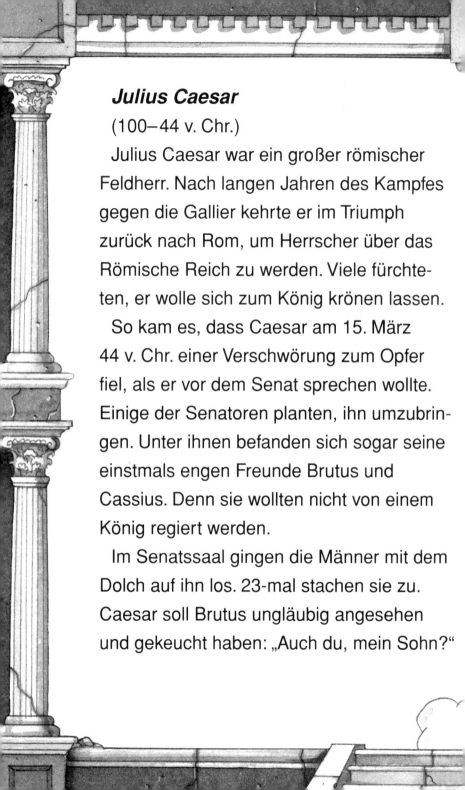

Julius Caesar
(100–44 v. Chr.)

Julius Caesar war ein großer römischer Feldherr. Nach langen Jahren des Kampfes gegen die Gallier kehrte er im Triumph zurück nach Rom, um Herrscher über das Römische Reich zu werden. Viele fürchteten, er wolle sich zum König krönen lassen.

So kam es, dass Caesar am 15. März 44 v. Chr. einer Verschwörung zum Opfer fiel, als er vor dem Senat sprechen wollte. Einige der Senatoren planten, ihn umzubringen. Unter ihnen befanden sich sogar seine einstmals engen Freunde Brutus und Cassius. Denn sie wollten nicht von einem König regiert werden.

Im Senatssaal gingen die Männer mit dem Dolch auf ihn los. 23-mal stachen sie zu. Caesar soll Brutus ungläubig angesehen und gekeucht haben: „Auch du, mein Sohn?"

Nach Caesars Tod brach in Rom ein blutiger Bürgerkrieg aus.

Octavian

(63 v. Chr.–14 n. Chr.)

Octavian wurde der erste Kaiser des Römischen Reichs. Er war ein Großneffe und Adoptivsohn von Julius Caesar.

Nach dem Mord an Caesar rächte er seinen Onkel, indem er Caesars Feinde besiegte. Dann ergriff er die Regierungsmacht. Er wollte sich selbst nicht Kaiser nennen, war aber praktisch einer. Im Jahre 27 v. Chr. ernannte der Senat Octavian zum *Princeps* oder ersten Bürger. Octavian änderte seinen Namen in *Augustus* um, was „der Erhabene" bedeutet.

Augustus stellte Recht und Ordnung wieder her. Unter seiner Herrschaft entstanden viele prachtvolle Bauwerke. Später sagte er, er habe eine Stadt aus Backstein vorgefunden und hinterlasse eine aus Marmor.

Kleopatra

(69–30 v. Chr.)

Mit 18 Jahren regierte Kleopatra zusammen mit ihrem 10-jährigen Bruder Ägypten. Aber ihr Bruder vertrieb sie vom Thron und aus dem Land. Julius Caesar unterstützte sie in ihrem Kampf um die Macht, und sie wurde schließlich Königin von Ägypten.

Caesar und Kleopatra verliebten sich ineinander. Als Caesar zurück nach Rom ging, folgte ihm Kleopatra. Nach seiner Ermordung kehrte sie an den Nil zurück.

Doch Kleopatra verliebte sich erneut. Dieses Mal in Marcus Antonius, einen von Caesars größten Anhängern, der aber mit Octavian verfeindet war. Mit Kleopatras Unterstützung zog er in den Krieg gegen Octavian. In der Seeschlacht von Actium 31 v. Chr. erlitt Marcus Antonius eine schwere Niederlage.

Bevor er zum Tode verurteilt werden konnte, beging er Selbstmord. Da Kleopatra Marcus Antonius unterstützt hatte, wusste sie, dass man sie in Ketten nach Rom bringen würde. Darum nahm auch sie sich das Leben. Es heißt, dass sie Selbstmord durch einen Schlangenbiss begangen hat. Kurz darauf eroberten die Römer Ägypten.

Boudicca

(?–60 n. Chr.)

Boudicca war die Königin der Icener, einem Volksstamm in Britannien. Als die Römer im Jahr 60 n. Chr. Steuern erheben wollten, weigerte sie sich zu zahlen.

Zur Strafe demütigten und misshandelten die Römer Boudicca und ihre Töchter. Boudicca schäumte vor Wut. Sie zog eine Armee zusammen, und es gelang ihr, drei römische Städte zu zerstören. Drei Monate lang wütete Boudiccas Heer und brachte tausenden von Menschen den Tod.

Der römische Statthalter von Britannien forderte in Rom Verstärkung an. Daraufhin wurde Boudiccas Armee vernichtend geschlagen. Boudicca wusste, dass sie mit dem Leben bezahlen würde. Es heißt, dass sie Gift getrunken habe, bevor sie den Feinden in die Hände fallen konnte.

Caligula
(12–41 n. Chr.)

Caligula wurde in eine römische Herrschaftsfamilie hineingeboren. Als er noch ein Junge war, nahm sein Vater ihn häufig in Militärlager mit. Bei den Soldaten war der Kleine so beliebt, dass sie ihm sogar Soldatenstiefelchen anfertigen ließen. Deshalb gaben sie ihm auch den Spitznamen *Caligula*, also „Stiefelchen" (sein richtiger Name war Gaius Julius Caesar Germanicus).

Später wurde er jedoch ein richtiger Tyrann. Als Kaiser ließ er töten, wen immer er wollte. Er wälzte sich auf Bergen von Gold und trank in Essig aufgelöste Perlen.

Caligula hatte sich in den Kopf gesetzt, sein Pferd Incitatus zum Konsul zu machen. Er baute sogar einen Stall aus feinstem Marmor und behängte Incitatus mit purpurfarbenen Decken (Purpur war die Farbe des Kaisers).

Schließlich ließ Caligula sich einen eigenen Tempel bauen. Er hielt sich für den Gott Jupiter. Weil sie um die Zukunft Roms fürchteten, ermordeten ihn Männer aus seiner eigenen Leibgarde 41 n. Chr. Er wurde nur 29 Jahre alt.

Nero

(37–68 n. Chr.)

Die Mutter von Kaiser Nero hieß Agrippina. Sie war Caligulas Schwester. Es wird behauptet, dass Agrippina ihren Mann Claudius ermordet habe, damit ihr Sohn Nero Kaiser werden konnte.

Nero fand, dass seine Mutter zu viel Macht hatte, und wollte sie vergiften. Doch das Gift wirkte bei Agrippina nicht. Sie hatte jeden Tag ein wenig davon eingenommen und war immun.

Nero gab nicht auf. Er präparierte die Decke über dem Bett seiner Mutter so, dass sie einstürzen sollte. Aber auch dieser Anschlag schlug fehl. Daraufhin lockte Nero Agrippina auf ein Schiff, das sinken würde. Doch sie schwamm an Land. Schließlich befahl Nero seinen Soldaten, sie zu Tode zu prügeln. Dieses Mal gelang sein Plan.

Nero hielt sich für einen großartigen Sänger. Er zwang seine Untertanen, seinen Konzerten zu lauschen.

Die Römer hassten Nero mehr und mehr. Weil er ahnte, dass er den Thron verlieren würde, beging er Selbstmord. Seine letzten Worte waren angeblich: „Oh, welch ein Künstler geht mit mir zugrunde!"

5

TOD IN POMPEJI

Der 24. August des Jahres 79 v. Chr. versprach ein schöner Tag in Pompeji zu werden. Pompeji war eine hübsche Stadt an den Hängen des Vesuvs mit Blick über den Golf von Neapel. Der Alltag in Pompeji war der einer typischen römischen Stadt: Als die Sonne aufging, standen die Einwohner auf und gingen an ihr Tagewerk. Die Bäcker machten sich daran, Brot zu backen. Sie schirrten die kleinen Esel an, die den Mühlstein bewegten. Langsam liefen die Esel im Kreis um den Stein und drehten das Rad. Nachdem das Getreide gemahlen

169

war, erfüllte bald schon der Duft von frischem Brot die Luft.

Auf dem Forum öffneten verschlafene Ladenbesitzer die Fensterläden ihrer Geschäfte. Frauen gingen zum nahen Tempel des Jupiters und brachten Opfergaben dar. Beamte machten sich auf den Weg zur Arbeit.

Es gab 120 Schänken in Pompeji.

Die Straßen waren bevölkert von Leuten, die Besorgungen machten und Körbe voller Waren trugen. Wie in Rom öffneten die Schänken für die ersten Gäste des Tages. Kinder spielten auf den Straßen mit Kreiseln und Murmeln.

In den öffentlichen Badeanstalten hielten die Männer ein Schwätzchen. Manche trieben Sport, andere lagen faul im Wasser. Sklaven hielten Handtücher und duftendes Öl bereit.

Vielleicht redeten einige Leute über

das leichte Beben in der Erde, das sie seit ein paar Tagen spürten. Doch niemand war ernsthaft besorgt.

Leichte Erdbeben kamen häufig vor. Keiner ahnte, dass Pompeji zur Mittagszeit in größter Gefahr schweben würde. Der Vulkan Vesuv schlief schon seit Ewigkeiten. Doch nun erwachte er.

Vulkane sind Feuer speiende Berge. Aus einer Krateröffnung an ihrer Spitze treten Gas, Asche und Lava, also flüssiges Gestein, aus.

Eine Wolke in Form einer Pinie

Der Bericht über das, was dann geschah, stammt von einem Augenzeugen. Er hieß Plinius der Jüngere. Plinius befand sich auf der anderen Seite der Bucht von Pompeji. Er schrieb nieder, was er aus der Ferne beobachtete.

Voller Grauen sah er, wie die Spitze des Vesuvs explodierte. Eine riesige Wolke in Form einer Pinie schoss hervor und verdunkelte den Himmel.

Pinien wachsen überall im Mittelmeerraum und haben eine schirmförmige, weit ausladende Baumkrone.

Hoch über Pompeji ragte die Wolke auf. Sie war teilweise weiß, teilweise schwarz vor Schmutz und Asche.

Vulkangestein, der so genannte *Bimsstein,* wurde aus dem Krater geschleudert und prasselte auf Pompeji herab. Die Menschen flohen in die Häuser oder schützten ihre Köpfe.

Plötzlich schob sich die Wolke vor die Sonne. Es wurde Nacht. Asche regnete nieder, verstopfte allen die Nase und schmerzte in den Augen. 40 Zentimeter hoch bedeckte Gestein den Boden. Schwefelgeruch erfüllte die Luft.

Die Menschen versuchten verzweifelt zu fliehen. Aber Asche und Gas machten ihnen das Atmen zur Qual und behinderten die Sicht. Plinius berichtet, dass glühend heiße Laváströme sich die Hänge des Vesuvs hinunterwälzten.

Experten schätzen, dass der Vulkanausbruch über 2 000 Opfer gefordert hat.

Menschen wurden von herabfallenden Gesteinsbrocken erschlagen und blieben tot auf der Straße liegen.

Noch weitere vier Tage gab es immer wieder Erdstöße und Vulkanausbrüche. Der Bimsstein wuchs fast drei Meter hoch. Unterhalb der Stadt kochte das Meerwasser in der Bucht von der heißen Lava.

Plinius der Ältere, der Onkel von Plinius dem Jüngeren, war Wissenschaftler und weigerte sich zu fliehen. Er kam bei dem Vulkanausbruch ums Leben.

Wie durch ein Wunder hatten einige Bewohner überlebt und suchten nach Freunden oder Verwandten.

Aber der Vesuv war noch nicht fertig. Plötzlich stürzte eine riesige Welle aus giftigem Gas, Asche und Gestein den Berg hinab und zerstörte alles, was ihr in den Weg kam. Noch zwei weitere Tage fiel Asche auf die Stadt. Dann verschwand die Wolke. Der Vulkan begab sich zur Ruhe. Pompeji aber gab es nicht mehr.

6
RÖMISCHER ALLTAG

Im Jahre 1710 hob ein Bauer an den Hängen des Vesuvs einen Brunnen aus. Mit einem Mal stieß sein Spaten im Erdreich auf große Marmorplatten.

Seine Entdeckung sprach sich herum. Manch einer wusste, dass in dieser Gegend die römischen Städte Herculaneum und Pompeji vor über 1 600 Jahren bei einem Vulkanausbruch zerstört worden waren. Es lag nahe, dass der Marmor von den Ruinen dieser Städte stammte.

Im Laufe der Jahre erkundeten viele Leute das Gebiet, wo die Städte gestanden hatten. Manchmal beschädigten sie mit ihren Grabungen die alten Bauwerke. Und wenn sie etwas Wertvolles fanden, verkauften sie es für gewöhnlich.

1860 begann ein Archäologe namens Giuseppe Fiorelli mit der ersten wissenschaftlichen Ausgrabung in Pompeji.

Fiorelli entfernte Tonnen von Schutt und Asche, die die Stadt bedeckten. Er fand Überreste von Straßen und Gebäuden. Seitdem haben verschiedene Forscher dort gegraben und viele Straßen und Häuser Pompejis freigelegt und wieder aufgebaut. Durch diese Ausgrabung haben wir eine gute Vorstellung davon, wie das Leben in einer typischen römischen Stadt vor tausenden von Jahren aussah.

Archäologie bedeutet „Wissenschaft vom Alten".

Aber Fiorelli machte noch eine weitere atemberaubende Entdeckung: Während des Ausbruchs waren die Menschen und Tiere unter der Asche begraben worden. Regen hatte die Asche fest an ihre Körper gepresst. Die Asche erhärtete so sehr, dass sie eine Art Panzer um die toten Menschen oder Tiere bildete.

Fiorelli spritzte Gips in die Hohlräume, in denen die Toten gewesen waren. So entstanden Gipsskulpturen. Dank Fiorelli wissen wir, wie viele Leute wo gestorben

Sogar ihre Sandalen waren klar umrissen.

Im „Garten der Flüchtlinge" fand man die Überreste von 13 eng zusammengedrängten Männern, Frauen und Kindern.

sind. Unter ihnen waren ein Bettler mit einer kleinen Sammelkiste, ein Hund, der sich in seiner Leine verheddert hatte, und ein Mann, der sich und seine Tochter mit einem Kissen hatte beschützen wollen. Die Gipsfiguren erzählen die traurige Geschichte der Opfer.

Etwa 40 Prozent der Einwohner von Pompeji waren Sklaven.

Pompeji

Als der Vesuv im Jahr 79 n. Chr. ausbrach, lebten in Pompeji 20 000 Menschen. Ladenbesitzer, Geschäftsleute und Handwerker wohnten neben

Man kann noch heute die Furchen erkennen, die Fuhrwerke ins Pflaster eingekerbt haben.

reichen Römern, die dem Lärm und dem Dreck Roms entkommen wollten.

Die Straßen von Pompeji waren mit großen Steinen gepflastert. Sie zu überqueren war mitunter schwierig.

Viele Menschen bevölkerten die engen, schmutzigen Straßen. Ladenbesitzer warfen ihren Abfall einfach auf den Fußweg. Zu beiden Seiten der Straßen verliefen Wasserrinnen. Um von einer Seite zur anderen zu gelangen, liefen die Leute vorsichtig über erhöhte Trittsteine. Sie mussten Fuhrwerken und Streitwagen ausweichen.

Wie in allen großen Städten waren die Straßen in Häuserblöcke gegliedert, die *Insulae*. Jeder Block bestand in der Regel aus verschiedenen Häusern, Geschäften und Schänken. Und in jeder Straße gab es Altäre für die Götter.

Insula ist das lateinische Wort für „Insel".

Es gab keine Polizei in Pompeji. Viele Leute hielten dafür Wachhunde.

Häuser

Die Häuser in Pompeji hatten weiß gepflasterte Fronten mit breiten roten Streifen am Sockel. Die Fenster bestanden häufig nur aus hohen schmalen Schlitzen, um Einbrecher fern zu halten.

Reiche Familien lebten in großen Villen. In der Mitte des Hauses war ein Innenhof, das *Atrium*. Hier empfing die Familie Freunde und stellte Familienaltäre auf. Schlafzimmer und andere Räume öffneten sich zum Atrium hin. Häufig schlossen sich hinter dem Atrium

Schon im alten Rom nannte man ein großes schönes Haus „Villa".

Gärten an. Bei heißem Wetter konnte man zum Essen draußen im Schatten sitzen.

Im Haus der Vettier haben Archäologen einen herrlichen kleinen Garten nachgebildet. Er ist liebevoll mit Statuen und Springbrunnen angelegt. Anscheinend hatte nahezu jedes Haus in Pompeji einen Garten. Es gab sowohl Blumengärten als auch Nutzgärten. Die Wissenschaftler glauben, dass dies im gesamten Römischen Reich üblich war.

Die Vettier waren reiche Kaufleute. Sie hatten eine prächtige Villa mit großem Garten.

Möbel und Dekoration

Die Häuser im alten Rom würden uns heute kahl vorkommen. Dies gilt auch für Pompeji. Die Familien besaßen nur wenige Möbel.

Reiche Familien besaßen Matratzen aus Wolle und prächtige Bettüberwürfe.

In beinahe jedem Haus in Pompeji gab es Betten und Sofas, auf denen die Leute saßen, aßen und sich ausruhten.

Außerdem haben die Archäologen Tische, Stühle und Bänke entdeckt. Sie waren gewöhnlich aus Bronze. In kleinen bronzenen Becken, die man bei den Ausgrabungen in vielen Räumen gefun-

Kerzen und Öllampen spendeten Licht. Diese hier hat einen Griff in der Form eines Pferdekopfs.

den hat, wurde Kohle verbrannt. So wurden bei kaltem Wetter die Räume beheizt.

In vielen Häusern in Pompeji gab es prächtige Wandmalereien. Im Haus der Vettier entdeckten Archäologen im Atrium zum Beispiel Szenen aus der Götter- und Sagenwelt. Manche Leute besaßen sogar Wandgemälde von Familienangehörigen.

Familienessen

Die Römer liebten das Essen. Wohlhabende Römer prahlten sogar in Briefen mit ihren Köchen.

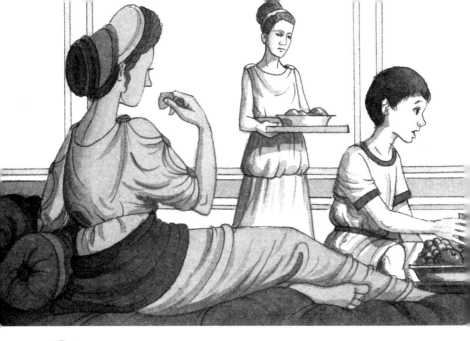

Da es keine Schornsteine gab, zog der Rauch durch das Fenster ab.

Außer in armen Familien waren überall Sklaven fürs Kochen zuständig. Sie buken in Backsteinöfen und kochten in großen Kesseln über dem Holzfeuer. In einer Küche in Pompeji fand man Kessel, die noch immer an ihrem Platz an der Wand hingen.

Die Römer aßen im Liegen auf dem Sofa, das jeweils Platz für drei Personen bot. Auf ihren linken Ellbogen gestützt, aßen sie mit der rechten Hand.

Wandgemälde in Pompeji zeigen Obstkörbe, Fisch, Hasenbraten und Gemüse. In einem Haus in Herculaneum war die Familie gerade beim Mittagessen, als der Vulkan ausbrach. Bei ihrer Flucht ließen sie Brot, Eier, Kuchen und Obst am Tisch zurück.

Dieser 2000 Jahre alte Brotlaib wurde im Ofen einer Bäckerei entdeckt.

Familienleben

Unter den Verschütteten im so genannten „Garten der Flüchtlinge" fand man einen Mann, der sich auf den Ellbogen stützt. Er scheint zu einer Frau und einem Kind neben sich zu schauen. Vielleicht war es der Vater, der seiner Familie zu Hilfe kommen wollte.

In Pompeji kam der Familie eine große Bedeutung zu. Oft lebte die Großfamilie unter einem Dach – Großeltern, Mütter, Väter und Kinder.

Die Väter waren die Familienoberhäupter. Sie suchten Ehemänner für ihre Töchter aus, erzogen ihre Söhne, standen in Diensten des Staates oder kümmerten sich um die Geschäfte.

Wurde ein Kind geboren, legte die Hebamme das Baby dem Vater zu Füßen. Der nahm das Neugeborene auf

Im frühen Rom durfte ein Vater sein Kind an Sklavenhändler verkaufen, wenn es ihm ernsthaft den Gehorsam verweigerte.

seinen Arm. Dies sollte zeigen, dass er die Verantwortung für das Kind annahm.

Wenn Jungen 16 Jahre alt waren, bekamen sie ihre erste Rasur und ihren ersten Haarschnitt. Dann tauschten sie ihre Kindertoga gegen die schlichte Toga der Männer. Die Mädchen wurden schon sehr jung verheiratet. Meist an Männer, die viel älter waren.

Im späten Römischen Reich durften Frauen Land besitzen und Geschäfte führen.

Jungen gingen in die Schule, Mädchen aber wurden oft zu Hause unterrichtet.

Das Fest des Saturn dauerte ganze sieben Tage.

Alle Schauspieler waren Männer und trugen Masken.

Unterhaltung

Die Römer feierten gerne. Geburtstage, Hochzeiten und Feste waren willkommene Anlässe für große Feierlichkeiten. Zu ihrer Unterhaltung gingen sie auch ins Theater. In Pompeji gab es gleich zwei davon.

Wie in Rom fand auch in Pompeji der beliebteste Zeitvertreib im Amphitheater statt. Dort drängten sich bis zu 20 000 Menschen, um den Gladiatoren bei ihren Kämpfen zuzusehen.

Zur Unterhaltung machten Kinder und

In der Nähe des Amphitheaters fand man die Leichen eines Gladiators und einer Frau mit edlem Schmuck.

Erwachsene Spiele wie das Knochenspiel. Dabei warf man Knochen in die Luft und versuchte, so viele wie möglich aufzufangen. Die Kinder hatten Bälle, Puppen und Murmeln. Sie machten auch Brettspiele.

Diese Wandmalerei in Herculaneum zeigt Leute beim Knochenspiel.

Auch die Mädchen kleideten sich in kurze Tuniken. Wenn sie erwachsen wurden, zogen sie darüber eine lange Tunika, die so genannte Stola.

Kleidung

Römische Männer und Jungen trugen kurze Tuniken, die mit Gürteln zusammengehalten wurden. Besonders mächtige Römer trugen Togen mit einem Purpurstreifen, um ihren Rang zu zeigen. Leichte Tuniken für den Sommer waren aus Leinen, die für den Winter aus Wolle. Außer Haus trugen Männer und Jungen lange, kunstvoll gewickelte Gewänder, die Togen, über den Tuniken.

Reiche Frauen besaßen prächtigen Schmuck. Ein Armreif, den man in Pompeji gefunden hat, hat die Form einer gewundenen Schlange. Die Frauen benutzten auch Parfum. Die Archäologen haben Parfumfläschchen, Kämme, silberne Spiegel und Schmuckschatullen gefunden.

Halskette
Armreif
Armband
Bulla

Jungen trugen Amulette, die so genannten Bullae, als Glücksbringer.

Die wichtigsten römischen Götter

Die Römer beteten viele verschiedene Götter und Göttinnen an. Jede Familie verehrte spezielle Hausgötter, die über ihr Haus wachten.

Jupiter: oberster Gott, Gott des Himmels

Juno: Jupiters Gattin und Schutzgöttin der Frauen

Mars: Gott des Krieges

Ceres: Göttin der Erde, der Ernte und des Getreides

Neptun: Gott des Meeres

Venus: Göttin der Liebe

Diana: Göttin des Mondes und der Jagd

Vesta: Göttin des Herdfeuers und des Hauses

Merkur: Götterbote

Vulcanus: Gott der Unterwelt, des Feuers, der Vulkane und der Schmiede

7
NIEDERGANG DES REICHS

Nach und nach schwand die Macht des Römischen Reichs, und es begann zu zerfallen. Die Römer bekämpften sich gegenseitig. Ständige Kriege raubten der Armee die Kraft.

Das Reich war so geschwächt, dass germanische Stämme eindringen und sogar die Stadt Rom selbst angreifen konnten. Fachleute sind sich einig, dass das Römische Reich im Jahr 476 n. Chr. unterging.

Aber die Römer hinterließen uns viele Errungenschaften, für die wir ihnen noch heute dankbar sind. Sie lehrten uns, wie man Straßen, prächtige Bauwerke, Brücken und Städte baut. Sie schufen großartige Kunstwerke. Und sie zeigten, wie man mit einer strengen Rechtsordnung regieren und die Ordnung aufrechterhalten kann.

Und auch ihre Sprache lebte fort. Latein hat viele moderne Sprachen stark beeinflusst und auch die deutsche Sprache um viele Worte bereichert. Bis heute lesen wir die Werke großer römischer Dichter und Denker und staunen über ihre Weisheit.

Wenn wir Statuen berühmter römischer Staatsmänner sehen, sind wir oft von ihren strengen, ernsten Gesichtern beeindruckt. Sie sehen ungeheuer mächtig aus. Und genau das waren sie auch. Denn sie regierten ein unvorstellbar großes Reich.

REGISTER

Agrippina 166

Ägypten 115, 147, 150, 160–161

Amphitheater 120, 188

Aquädukt 122–123

Archäologe 176, 181–183, 191

Architektur *siehe* Gebäude

Armee 107, 111, 133–134, 140, 143, 154, 163, 195

Atrium 180, 183

Augustus *siehe* Octavian

Ausgrabung 176, 182

Avaricum 140–141

Bad *siehe* Öffentliche Badeanstalt

Balliste 145

Beben 171

Belagerung 140, 142–144

Beton 118–119, 124

Bimsstein 172–173

Bleirohre 123

Bögen 118

Boudicca 163

Britannien 115, 150, 163

Bronze 123, 125, 182

Brücken 118, 122–123, 196

Brutus 156

Bulla 191

Caligula 164–165
Cassius 156
Cicero 109
Claudius 166

Diana 193

Elefanten 138, 154
Erziehung 186
Essen 181, 183–185
Ewige Stadt 117

Familienleben 186
Fest des Saturn 188
Feste 188
Fiorelli, Giuseppe
  176–177
Flammenwerfer 145
Forum Romanum
  125–126, 148
Frankreich 107, 114,
  122, 140
Frauen 110, 150, 170,
  191–192

Gallien *siehe* Frankr.
Gärten 128, 181
Garten der Flüchtlinge
  177, 186
Gebäude 118–119,
  128, 141, 176
Gladiatoren 121,
  130–131, 188
Götter 124–125, 179,
  192–193
Griechenland 107,
  115, 147

Handel 106
Hannibal 154–155
Haus der Vettier 181,
  183

Herculaneum 175,
185, 189
Hunde 138, 178, 180
Hygiene 127–129
Hypokaustum 128

Incitatus 164
Insula 179

Julius Caesar 140,
156–157, 159–160
Juno 192
Jupiter 165, 170, 192

Kaiser 110, 121, 131,
133–134,159,164–166
Kampfformation 138
Karthago 154–155
Katapult *siehe* Onager
Kleidung 187, 190
Kleopatra 160–161
Knochenspiel 189

Kolosseum 120–121,
125
Könige 108, 156, 163
Konsul 109, 112, 164
Kriegsmaschine
144–145
Kuppeln 118, 125

Lager 140, 148
Latein 150–152, 196
Legionen 134–135

Mahlzeiten 183–185
Marcus Aurelius 111
Marcus Antonius
160–161
Mars 105, 192
Merkur 193
Möbel 182
Mord 159, 165

Neptun 193

Nero 166–167

Octavian 159–160
Öffentliche Bade-
anstalten 128, 170
Onager 144
Österreich 107

Pantheon 124–125
Parfum 191
Patrizier 111–112
Pferd 134, 140, 164
Pflastersteine 179
Pinie 171
Plebejer 111–112
Plinius der Jüngere
171–173
Pompeji 169–186,
188, 191
Ausgrabung 176, 182
Häuser 172, 176,
179–183

Mahlzeiten 183–185
Unterhaltung 188
Zerstörung 171–173
Princeps 159
Provinzen 148
Punische Kriege 154

Recht und Ordnung
147–150, 196
Redner 125–126
Religion 147
siehe auch Götter
Rom (Stadt) 105–106,
108, 110–112,
117–129, 133–134,
143, 148–150, 153,
156–157, 160–161,
165, 170, 179, 182,
188, 195
Gründung 106
Mittelpunkt des
Römischen Reichs 117

Römische Kaiserzeit
110

Römische Königszeit
108

Römische Republik 109

Römischer
Meilenstein 148

Römisches Reich
108, 114–115, 117,
126, 134, 143, 147,
149–151, 153, 156,
159, 181, 195
Armee 107, 111, 133–
134, 140, 143, 195
Bürgerrecht 150
Niedergang 126
Gesetze 110,
147–148
Landkarte 114–115
Menschen 111, 120–
121, 128, 151, 163,
172, 177–179, 188

Sprache 150–151,
196

Romulus und Remus
105–106

Salz 106

Schänken 118, 170,
179

Schildkrötenformation
138–139, 141

Schmuck 191

Seeschlacht von
Actium 160

Selbstmord 161, 167

Senat 109–110, 156,
159

Sklaven 110–113,
129–130, 150, 170,
178, 184

Soldaten 133–141,
145, 148, 154, 164,
166

Speer 137, 144–145
Spiele 120–121, 189
Sport 170
Springbrunnen 118,
  128, 181
Statthalter 148, 163
Steuern 148, 163
Stola 190
Straßen 118, 133,
  149–150, 170, 176,
  179, 196

Tarquinius 108
Tempel 118,
  124–125, 165, 170
Testudo 138
Theater 188
Thermen des
  Caracalla 127–129
Tiber 105–106
Titus 121
Toga 187, 190

Trajan 133–134

Venus 193
Vesta 193
Vesuv 169, 171–175,
  178
Via Appia 149
Via Salaria 150
Villa 180–181
Volksversammlung 110
Vulcanus 193
Vulkane 193
  siehe auch Vesuv

Waffen 138
Wahlrecht 110
Wandgemälde 183,
  185
Wasser 122–123,
  127–128

Zenturio 135–137

Mary Pope Osborne und **Natalie Pope Boyce** sind Schwestern. Schon als Kinder lernten sie viele Länder kennen. Mary lebt heute in New York und Connecticut, Natalie in Massachusetts. Mary hat bereits mehr als 50 Kinderbücher geschrieben. Zusammen mit Natalie hat sie mehrere Forscherhandbücher verfasst.

Zu ihrer gemeinsamen Arbeit am *Forscherhandbuch* über das alte Rom meinten die Autorinnen: „Während unserer Recherche reisten wir in unserer Fantasie Jahrtausende zurück ins alte Rom. Wir konnten beinahe sehen und hören, wie auf den Straßen und engen Gassen die Menschen hin und her eilten. Es war, als würden wir den alten Römern beim Essen, Arbeiten und Spielen zusehen. Wenn man Fantasie mit Recherche verbindet, besitzt man ein großartiges Geschenk: Man taucht tatsächlich in die Welt der Antike ein. Als wir noch klein waren, stellten wir uns immer vor, dass wir jemand anderes wären. Wir spielten Zirkus und traten als unerschrockene Trapezartisten auf. Wenn wir damals mehr über das alte Rom gewusst hätten, hätten wir wahrscheinlich etwas anderes gespielt. Wir wären vielleicht Gladiatoren gewesen!"

Bildnachweis

Alinari Archives/CORBIS (Seite 111). Archivo Iconografico, S.A./CORBIS (Titelbild, Seite 120). Art Resource, NY (Seite 191 oben). Bettmann/CORBIS (Seite 124). Statue von Cicero (106–43 v. Chr.), römisch, 1. Jhd. v. Chr. (Marmor)/Ashmolean Museum, Universität Oxford, GB/Bridgeman Art Library (Seite 109). Seamus Culligan/ZUMA/CORBIS (Seite 120). Mark Douet/Taxi/Getty Images (Seite 197). Werner Forman/Art Resource, NY (Seite 149). Free Agents Limited/CORBIS (Seite 122). The Granger Collection, New York (Seite 113). Erich Lessing/Art Resource, NY (Seiten 178, 181, 185, 187, 189). Bruno Morandi/Robert Harding World Imagery/Getty Images (Seiten 171, 177). Goldene Bulla aus dem Haus der Menander, Pompeji, 79 n. Chr./ Museo e Gallerie Nazionali di Capodimonte, Neapel, Italien/Bridgeman Art Library (Seite 191 unten). North Wind Picture Archives (Seite 107). Scala/Art Resource, NY (Seiten 129, 183). R. Sheridan/ANCIENT ART & ARCHITECTURE COLLECTION, LTD. (Seiten 180, 182). Vanni/Art Resource, NY (Seite 119). Ruggero Vanni/CORBIS (Seite 126). K. M. Westermann/CORBIS (Seite 188). Roger Wood/CORBIS (Seite 127).